JN098628

すきまから見る

林 千恵子
Chieko Hayashi

東洋館出版社

すき‐ま【隙間／透(き)間】

1　物と物との間の、わずかにあいている所。
2　(比喩的に) 普通には気づきにくいところ。盲点。
3　あいている時間。ひま。
4　わずかな気のゆるみや油断。

『大辞泉　第二版』小学館

ある朝の光景

　不登校の子どもたちが通う「あおぞら」の朝は、ゆっくりと始まります。登校や出勤する人の流れが一段落してから、安心して外出できるように。

　入口を入ると、目の前に職員スペースがあります。入ってきた子どもたちの様子をすぐに見られる配置です。その奥は、先生と生徒が一対一で個別の授業を行う、ついたてで仕切られたブースが四つと自習や休み時間に使えるオープンスペースです。集団活動に使える部屋がもう一つあります。

「そろそろ来るかな」と子どもたちを待っていると、お化け屋敷の扉を開けるかのように、恐る恐るといった様子で、一人の中学生が顔を出します。

「おはようございます」。消え入りそうな声です。「○○ちゃん、おはよー！　よく来たね。緊張した？」と私。通い始めてまだ数日、固い表情です。ほかの生徒が入って来るとビクッとして身をすくませます。今にも消え入りたいといった様子です。

「もうすぐ授業だから、好きなブースに入っていいよ。今日もボチボチいこうね」

「あおぞら」に通い始める時期は、子どもによってそれぞれです。その子が「通える」と思ったときがスタートになります。初めの数回は、緊張感が強く、扉の前で「逃げたい！」と思う子が多くいるようです。実際に扉の前で帰ってしまう子もいます。

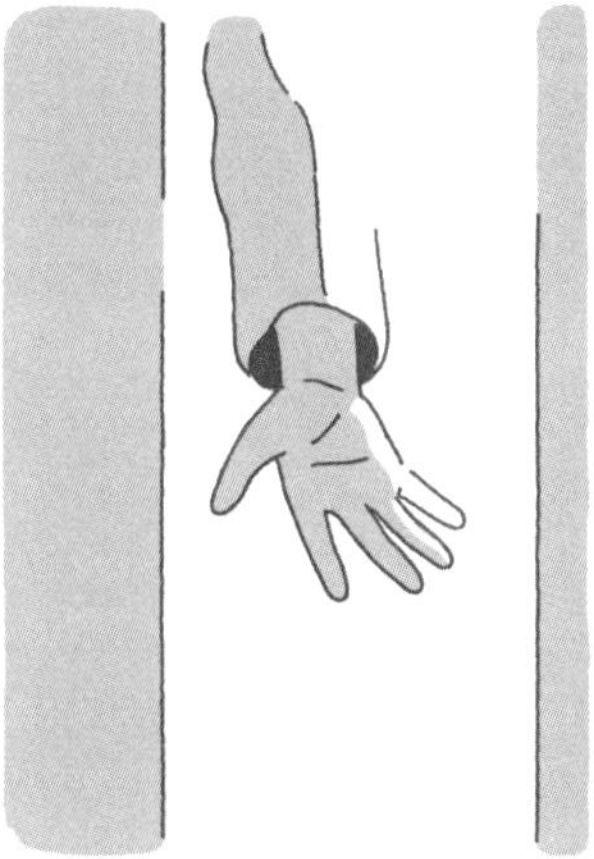

「初めからうまくやろうと思わなくていいよ。ほかの子とすぐに仲良くなって、うまくやらなきゃと思っている子が多いんだけど、ゆっくりでいいよってみんなに言ってるんだ。休み時間も参加したかったら一緒に遊ぼうか？　無理だなーと思ったらブースでゆっくり好きなことを

していていいよ。話したかったら、私とおしゃべりしよう。ちなみに、私はめっちゃウノが強いよ。そのうち腕前を見せてあげるね」と声をかけます。

挨拶して返事がなくても、休み時間の遊びに入らない子がいても、ほかの子どもたちは自然に受け入れます。「やるー?」と誘いはしますが、強制はしません。自分が通ってきた道なので、押しつけがましくなく、冷たくもなく、絶妙なバランスで距離をとっています。


二人目は通い始めて二年目の子です。かすれた声で「おはようございます……」。見ると目が真っ赤です。

「○○君、おはよー!　何時間寝た?」

「全然寝てない」

「わーっ!　何時間起きてるの?」

「えーっと……。十六時間くらい。昨日夕方に起きて、寝ないで来た」

「そりゃ大変だ。まぁ、寝たいだろうによく来たね。えらい。眠くなったら、顔を洗うかスクワットでもして目を覚まそう。頑張れ!」

この子はゲームをして昼夜逆転という生活が長く続いています。生活が改善してはまた逆転してしまうというサイクルを数回繰り返しています。

何人かの生徒が続き、扉が開いて元気な声が響きます。

「おはようございます！　みんなもおはよー！　先生、マンガの続き持ってきたよ！」

「〇〇ちゃん、おはよー！　おぉ、続きをありがとう。すっごく気になってたの」

私にマンガを渡すと、知り合いの生徒に話しかけます。つらかった時期を乗り越え、以前とは別人のようなすっきりした顔で、目に光を感じます。心の状態でこんなに顔が変わるんだなーと感心。

開始時間になりましたが、まだ数人が来ていません。いわゆる遅刻です。

一人、無言できまり悪そうに登場。目を合わさないようにして靴を履き替え始めます。

「〇〇君、おはよー！　遅刻だよ。遅刻したときはさ、『すみません、遅刻しました』と言って、理由があるなら理由を言う。なんとなく遅刻しちゃったら、『これからは気をつけます』と謝ってさわやかににっこりする。そうすると、なんとなく許したくなっちゃうんだよね。どうしようと思って、機嫌悪そうにしているのはやめた方がお得だよ」

しばし無言。どんな反応が返ってくるかな？

「遅刻してすみません。これから気をつけます」。ぎこちなくニッコリ。

「はい、よくできました。授業だよ。さぁ、急ごう！」

扉が細目に開いて、頭が見えます。すぐに立ち上がって、ドアの隙間から覗き、「○○ちゃん、おはよー！　よく来たね。でかした。落ち着いたら入ろうか」と声をかけます。長く休みが続き、久しぶりに来た子です。外の世界が怖くなったと電話で話していました。「行きたくない、でも行かなきゃ、でも……」という葛藤をどれほど繰り返したことかと想像します。

「一時間個別の授業を受けて、私とちょっとだけおしゃべりして、さよならでもいいよ」

「いいんですか？」

「もちろん」

ホッとした表情になります。

電話が鳴ります。保護者からの欠席連絡です。

「頭痛がするので、お休みします」

欠席連絡があると、「体かな？　心かな？」と考えます。本人の状態を考えて、体だなと思い、「くれぐれもお大事になさってください。ご連絡ありがとうございました」と言って電話を切ります。


次の電話。これも保護者からの欠席連絡です。

「頭が痛いと言っているので、お休みさせてください」

お母さんの声になんとなく引っ掛かりを感じます。

「体ですかね？　来にくかったりしないかな？　嫌がらなかったら、電話を替わってもらえますか？」

しばらくして本人が出ます。

「ごめん。考えすぎかもしれないんだけど、なんか来にくかったりするのかなーと勝手に心配しちゃった」

「……」。沈黙。

「嫌じゃなかったら言ってみて。一緒に考えるよ」

「……。宿題ができなかった」

「そうなんだ。いいじゃゃん。そういうときは『宿題ができませんでした』って、先生に言おう。わからなくてできなかったなら、それを伝えて、もう一度教えてもらえばいいよ」

「そんなんでいいの？　怒られない？」

「うん。怒られない。もし怒られたら、一緒に謝って、困っているって伝えてあげるよ。安心しておいで」

「わかった。そうする。……。でも、今日は休む」

あら、ガクッ。

「はい、了解。じゃあ、また明日。『ムリー！』と思ったら電話して」


今日の午前は二名欠席。「あおぞら」では、それぞれの子どもの状況に合わせて相談して通う日数を決めています。最初は少ない日数から開始して、慣れてきたら少しずつ増やしていきます。基本は個別授業と自習の組み合わせで、一人一人がオーダーメイドの時間割をもっています。授業と自習の間にはみんなで遊ぶ長めの休み時間、そのほかに集団で行うスポーツや音楽、そして、グループ活動の時間が週に一時間あります。校外学習や体験活動も行っています。

午前と午後の二部制なので、その日によってメンバーの人数も構成もまちまちです。

午前の部が終了した帰りに、遅刻して私に注意された子が不満げにこちらを見ています。

「どうした？」

「先生はひいきした」

「ひいき？　どんな？」

「遅刻して、自分には怒ったくせに、次の子には怒らないで『よく来たね』ってほめてた。ひいきだよ」

「なるほど」

ひいき。そうか、そう思うよね。こういうときは、どうして二人に話したことが違うのか、私の思いを丁寧に伝えます。

「理由を聞いてくれる？　次に来た子は、まだまだ外に出るのがつらい状態で、怖いけど、迷いながら一生懸命出てきたの。それがわかっているから、頑張ったねってほめたんだ。あなたが通い始めたときも、遅刻しても叱らなかったと思うよ。でも、今は違うよね。頑張って、いろいろなことができるようになってるじゃない。だから、注意するよ。これって、ひいきなの？」

しばし沈黙。

「それって、自分が成長したって先生が思っているってこと？」

「うん」

「やったー！　そうだね。それはひいきじゃないや」

「わかってくれて、よかったよ。これでまた成長かな？」

ニヤリ。

「はい、さようなら」

「あおぞら」にはいつもドラマがあります。小さな教室の中で起こる、涙あり、笑いありの子どもたちの成長のドラマをご一緒に。

すきまから見る　目次

第4章　居場所はどこにある？

○掲載する作文は、本人や保護者から許可を得たもののみを使用しています。また、プライバシーに配慮し、個人が特定されないようにエピソードや作文の内容を再構成しています。作文の表記は原則原文ママとしています。

○現在、「適応指導教室」は「教育支援センター」という名称との適宜併用が一般的になっています。本書では、紹介するエピソードの当時の状況をより正確に伝える目的で、エピソード部分では主に「適応指導教室」の呼称を用います。それ以外では、最近の動向を踏まえ、原則「教育支援センター（適応指導教室）」と表記します。

○筆者が勤務する教育支援センターは「あおぞら」と仮称します。

すきまから見る

プロローグ

「適応指導教室の改革をしたいので、手伝ってもらえませんか？」

中学校の教員を辞めて数年、やはり子どもに関わりたいと思い、中学生の悩みの相談や話し相手をする「心の教室相談員」をしていたときに教育委員会から声がかかりました。

「お声をかけていただいてありがとうございます……。ところで、『テキオウシドウキョウシツ』ってなんですか？」

私の二十年以上に及ぶ長い不登校支援は、こうして始まりました。

テキオウシドウキョウシツの子ども

さて、適応指導教室をご存じですか？　市区町村が設置している不登校の児童・

生徒が通う通級制の教室です。最近は「教育支援センター」という名称が多く使われるようになっています。当時の私をはじめ、名前を聞いたことがない人も多いかもしれません。

私自身がプチ不登校の経験者であり、中学校で担任をしていたときに、不登校生徒の役に立てなかったという思いを抱えていたこともあり、「テキオウシドウキョウシツ」という耳慣れない教室で働き始めました。私が勤務したのは年間四十名程度の不登校の小・中学生が通う学校外にある教室です。

勤務当初、私は「元気のない子には元気をあげて、勉強ができない子には勉強を教えてあげよう」と張り切っていました。エイエイオー！です。当時の私にとって、不登校の子どもは助けてあげなければいけない存在でした。元気に明るく声をかけ、国語の授業でも学力を補充しようと懸命に教えます。しかし、子どもたちは一向に心を開いてくれません。焦ります。さらに言葉を重ねます。

「なんでこんなにうまくいかないんだろう……」。しょげて歩いていたある日の昼休み。「あおぞら」に通っている女子中学生とばったり会いました。橋の上から川の中をずっと眺めています。何かあったのかと心配になって、声をかけました。

「どうしたの？　何かあった？　大丈夫？」

返ってきた答えはまったく意外なものでした。岩の間に咲いている紫の花は何なのか考えていました。

「カメの赤ちゃんが大きくなったなと思って。岩の間に咲いている紫の花は何なのか考えていました」

小さな、さほどきれいではない（どちらかというと汚い）その川の中にカメの赤ちゃんや小さな名前のわからない花など、たくさんの命を見つけていたのです。「あのカメの赤ちゃんは、三か月くらい前からいるんです」と教えてくれました。

「ガーン！」。頭を殴られたような衝撃でした。自分はなんてバカなんだろう。不登校の子どもは「助けが必要な子」という画一的なイメージに囚われて、一人一人の子どもをまったく見ていなかったのです。さほどきれいではない川の中にさまざまな命が息づいているなんて思いもよらず、目もくれなかったのと一緒です。

こうした思いこみを心理学では「認知バイアス」というそうです。偏見や先入観、自分の思いこみや周囲の環境などによって無意識のうちに合理的ではない判断をしてしまうことを指します。思いこみがあると、その思い込みを支持する情報にしか目が向きにくくなります。

「不登校の子どもは悩んでいて、周りが助けてあげなくてはいけない子」

「不登校の子どもたちは自分で決める力がないから、道を示してあげなくてはいけない子」

「不登校の子どもと接するときは、傷つけないように気を遣って接しなければいけない」

など、当時の私は不登校の子どもに対して思いこみの塊でした。

「不登校の子どもの支援をしている」と話すと、「とても大変なお仕事をなさっているんですね」と多くの人が神妙な顔をします。やはり多くの人にも不登校の子どもに対する画一的な思いこみがあるように感じます。

子どもにとって、本当にためになる適応指導教室って？

思いこみを外してみると、さまざまなことが見えてきます。それぞれの子どもたちのさまざまな個性や特技等、楽しい発見の毎日です。橋の上での一件があってからは子どもたちがもっている宝物を見つけることに夢中になりました。

創作が好きな子とは、折り紙や和紙で季節の花を作り続け、韓流ドラマに共にはまり、ゲームが好きな子にはポケモンのレクチャーを受けました。運動がしたいけれど、外に出るのを嫌がる子には挑戦状を送り、マラソンで惨敗したこともあります。休み時間にはトランプやウノ、ジェンガや卓球をして真剣に戦います。子どもに「大人げない」と言われれば、「勝負に大人げはいらない」と返し、共に遊び、とにかく楽しみました。好きなことを語り、遠慮なく遊べるようになった子どもたちの表情は生き生きとしています。毎日遊んでいるかのように仕事をしていました。

その後、学習支援が主体であった適応指導教室の活動の幅を広げたいと思い、いろいろと計画します。体育館を借りてのスポーツ活動、グループ活動、外に出ての遊び、ボランティア活動など。子どもが元気になりそうなことは何でもやってみよう！　と張り切っていました。

そんなとき、またもや「ガーン！」な言葉をかけられました。

「林さんのしていることは『教育』としておかしい。大変違和感がある」

一緒に働いている元管理職の先生から言われた言葉です。「やろうとしている活動の目標や目的、そして具体的な計画は？」と矢継ぎ早に質問を受けます。そう言えば、指導案にはそういう項目があったなと思い出します。

「目標はみんなが出てよかったと思えること、目的は楽しむこと、具体的な計画はやりながら考えます」

「はぁ〜」という大きなため息が返ってきました。目の前の子どもたちの様子を見ながら、みんなで活動を創り上げていく。結果はともかく、経過を楽しめたら儲けもの的な考えが私にはあります。

「何が悪いかわからないです」と答えました。けっこう生意気かつ血気にあふれていました。

「『教育』って何だろう？」「指導という枠に入りきらずに不登校になった子もいるんじゃないの？　それをここでも繰り返すの？」という疑問が渦巻き、それをぶつけます。ケンカに負けて家に帰ると、「勝つまで帰ってくるな」と言われて育った私は黙ってはいられません。

そこから私は、適応指導教室とはいかなる施設であるかを考え始めました。初めに考えろという感じではありますが……。

当時、文部科学省初等中等教育局が出した「不登校への対応の在り方について」の別添資料「教育支援センター（適応指導教室）整備指針（試案）」（平成十五年）には、次のような目的が記されていました。

「不登校児童生徒の集団生活への適応、情緒の安定、基礎学力の補充、基本的生活習慣の改善等のための相談・適応指導（学習指導を含む。以下同じ。）を行うことにより、その学校復帰を支援し、もって不登校児童生徒の社会的自立に資することを基本とする。」

ちなみに、令和元年に文部科学省中等教育局が出した「不登校児童生徒への支援の在り方について（通知）」では、支援の視点として、「不登校児童生徒への支援は、『学校に登校する』という結果のみを目標とするのではなく、児童生徒が自らの進路を主体的に捉えて、社会的に自立することを目指す必要があること」と書かれており、必ずしも学級復帰を目指すわけではなくなっています。

他市区の適応指導教室に見学に行ったり、資料を探したりする中でわかったのは、適応指導教室はそれぞれの市区町村によって内容が異なっていて、各施設がそれぞれの方法で運営を続けているということでした。非常勤の職員が多く、教職経験者や退職した教職員が多く勤めています。予算的にもあまり充実していない教室が多いという現状もありました。私が勤めている適応指導教室もまた同じでした。

大切な施設なのに、なぜもっと力を入れないのかと憤りを感じつつ、大まかな指針しかないということは、子どものためになることを好きに考えていいってことなんじゃないかと勝手に解釈します。

ほかの先生たちとの衝突もありながら、その後もさまざまな活動を実施しました。

しばらくして、「林さんのやっていることは非常に違和感があるが、あれだけ子どもが変わっていくのだから、認めざるを得ない」という言葉を苦笑いとともにもらいました。やった！　方法は違っても、子どもの成長や幸せを願うという思いは一緒なんだと実感しました。それからは協力してくれる先生が増えていきました。

それぞれの適応発見支援教室？

その後、「面倒くさい説明は引き受けてやるから、好きなようにやってみな」という太っ腹な先生も登場して、有難いことこの上なしです。しかし、ここまでで勤務開始から、四年近くを費やしています。

このころから私は、適応指導教室という名称にそれこそ強い違和感を覚えるようになりました。

「適応というのは指導されるものなのか？　指導できるものなのか？」

「そもそもここで言う適応とは何だろうか？」

さまざまな疑問が浮かびます。適応にもそれぞれの適応があってよいはずです。

学校や社会の中でうまくやっていくことが適応だとすると、苦しくなる子どもたちはやはり出てきます。過剰に適応することで、自分の良さを見失い、苦しんでいる子どももいます。

「それぞれの適応発見支援教室」くらいがいいのではないでしょうか。私と同じようにより適切な呼び方を望む声があったということで、平成十五年には文部科学省から「教育支援センター」という名称が適宜併用という形で出されました。今ではこちらの名称が多く用いられるようになっています。

子どもたちは適応指導教室で楽しく学び、楽しく遊び、どんどん元気になっていきます。

「不登校の子どもたちは学校に戻る必要があるのだろうか？　ここでこんなに輝いて自分らしくいられるならば、つらい学校に戻らなくてよいのではないか」。そんな思いに揺れていました。当時はまだ学校復帰が大きな目標とされていたのですが、復帰できる子どもはほとんどいないという現実もありました。

卒業生に言われた「ガーン」な言葉

そんなふうに思っていた矢先、私は三度目の大きな「ガーン」に襲われます。高校生となった卒業生のその後が見えてきたからです。再び不登校になる子も多く、苦労して入った高校を辞める子もいました。

「友達とうまくいかないから」

「先生が嫌いだから」

「勉強についていけないから」

小・中学校を不登校になったときと同じような理由です。

「あんなに元気になったのにどうして？」

「受験に向けてあれだけ頑張って入学した学校なのにどうして？」

「なんで何の相談もせずに辞めたの？」

ぐるぐると考え続けていたときに、最大の「ガーン」がやってきます。高校一年生になった卒業生が泣きながら言ったのです。

「『あおぞら』では、『人っていいな。優しいな』っていうことをたくさん教えてもらったけど、外に出たら、嫌な人もいて、つらいこともたくさんあった。ここは明るくて温かすぎて、つらいことがあるなんて考えたこともなかった。先生、後輩には温かさと一緒につらさに耐えることも教えてあげて」

「ガーンガーンガーン！」。確かにその通りだと思いました。子どもの良さを伸ばすことばかりを考えて、守りすぎてしまったのです。子どもの苦労を取り上げて、適応指導教室だけで輝ける子どもを育ててしまった。私がしていたのは自己満足の支援だったんだと、ひたすらへこみました。

「本当に役に立つ適応指導教室とはどんなものなのか？」

「私はどのように関わっていけばいいのか？」

「不登校の子どもがつらさに耐える力を身につける方法とはいかに？」

不登校になったことで、彼らはけっこうつらい思いをしています。「不登校にならなかったら、もっと楽に過ごせたと思う」と言った子がいましたが、一見楽をしているようにも見える不登校は、実はかなりつらいものです。学校に行かない（行けない）というプレッシャーは想像以上に子どもたちを追い詰めます。

同時に、「不登校の解決とは何だろうか？」ということも考えるようになりました。周囲の期待に押し出されるように学校復帰をしたけれど、その後、学校や社会の中で居場所が見つけられずに、長く苦しんでいる子どもたちもいました。学校復帰の失敗がさらに傷つく体験となって、外の世界とつながれなくなったのです。学校復帰をしたら、すべてが解決するわけではなかったのです。

教育と心理のすきま支援ワーカー

このころから私は心理学を学び始めました。勤務開始から五、六年後のことです。教育だけでは不登校を解決できないと思ったからです。心理学の知識は、子どもを見る目を広げてくれました。しかし、心理学だけでも違うような気がします。資格を取って、スクールカウンセラーの仕事を並行して行っていくようになるのですが、教育にも心理にも、どちらにもちょっとした違和感を覚えます。学校の先生と話していると、「そんなに四角四面に考えないで、もっと子ども自身を見た方がいいんじゃない？」と思います。また、心理士さんたちと話していると、「そんなに深読みして考えていないで、場合によってはストレートに聞いてみたらいいんじゃない？」と感じます。みなさん、ごめんなさい。どちらの仲間のようでもあり、どちらにも属せない。なんだかコウモリみたいです。

「自分とは何者か」という問いは「エリクソンの発達段階」の中で青年期の課題ですが、適応指導教室に携わるようになって、遅ればせながら、私はそんな悩みをもちました。「教育相談員」という職名にも違和感がありました。

今は、「教育と心理のすきま支援ワーカー」というところに落ち着いています。最近、卒業生から「寄り添う力のあるコミュ力おばけ」という素晴らしい称号をもらったので、それもいいかなと思っています。普段は特に意識して行っているわけではありませんが、その時々、目の前の子どもの状況や互いの関係に応じて、教育寄りなのか、心理寄りなのかは変わっていきます。

「すきま？」と思われるかもしれませんが、「すきま」だからこそ見えるものがある気がします。中学校で勤めていたときには気がつかなかった子どもの変化や思いに触れることができたからです。子どもたちも学校では表現しないであろう言葉や思いを紡いでいます。

私はある意味、自由な「すきま」が性に合っているようです。

適応指導教室も家庭と学校の間、居場所とスタート台の間、学びの場と遊びの場の間……。そのときそのときの子どもたちの状況や関係によって柔軟に変わっていく教室であったらいいなと思います。

そんな願いをもって子どもと関わり続け、「ガーンガーンガーン！」のショックから数年後、高校生となった卒業生の言葉に、手応えを感じます。

「ほかの適応指導教室では、『学校に復帰しなさい』といつも言われていたけど、ほとんど復帰する子がいなかったという話を友達から聞いた。うちの教室は、『学校に戻れ』って言われないのにけっこうたくさん学校に戻ってるよね。なんでだろう？」

＊＊＊

さて、本書では、子どもたちが書いた作文を使って、一人一人の苦しみや成長の物語を紡ぎました。不登校というつらい状況の中で考え続けた子どもがそのときにだけ書ける、切ったら血が出てきそうな作文ばかりです。お読みいただく中で、ここで提示した疑問の数々の答えもきっと見つけられると思います。

物語の中には、厳しい自己対話や他者との関わりの中で、悩みながら成長していく子どもの姿と共に、関わりの中で右往左往し、失敗してはへこむ私がたびたび登場します。子どもたちと日々取っ組み合い、育て、育てられてきた経験の中で見つけた、不登校の子どもの「ホンネ」や、関わり方のツボをあますところなくお伝えしたいと思っています。

いずれの作文やエピソードも、個人が特定できないように再構成を行い、本人やそのご家族の了承を得た上で掲載しています。「自分たちの思いをたくさんの人に伝えてほしい」「うれしい。頑張れ」と心からの応援をくださったみなさまに、この場を借りて深くお礼申し上げます。適応指導教室で共に過ごしていたころも、巣立っていったあとも、みなさんに支えられているということを改めて強く感じました。

本書が私を育て、支えてくださったみなさまへの恩返しとなり、不登校や教育に関わるさまざまな方々のお役に立てるよう願っております。

それでは、不登校をめぐる冒険の旅に出発しましょう。冒険が終わったときに、不登校へのさまざまな疑問の答えが見つかり、不登校の子どもに対する思いこみから共に自由になっていることを願って。

第1章

学びの力を取り戻す

「死ぬほど長い」退屈な授業

プロローグにも書きましたが、「あおぞら」に勤務し始めたころ、勉強ができない子には勉強ができるようにしてあげようと張り切っていました。学力不振という申し送りの子どもにはとにかく学力の補充が重要だと考え、個別学習の中で、漢字や言葉を覚えさせよう、文章を理解して問題を少しでも解けるように教えようと授業を行っていました。自然、授業は教えこむ形になり、授業を受けている生徒はつまらなそうな顔をしながら課題をこなしていました。頑張って指導しているつもりなのに、生徒は一向にやる気にならず、学習も定着せず、さらに教えこもうとしては空回りしていました。怠学傾向と言われていた一人の男子中学生との個別の授業は、特に悩みました。

「さぁ、今日も楽しく国語の勉強をしようね」

「……」。無言でうなずく。

「じゃあ、教科書の五十ページを開いてね」

「……」。面倒くさそうに開く。こんな様子でした。

ある日、詩の文章題の答え合わせをしているときのことです。答えが書けていなかったので、正答を教えて、書くように求めます。

「こんなふうに答えを書くんだよ」

「先生の答えはまとまっていてきれいだけど、つまんないな」

「えっ、つまらない……。どういうこと？　あなただったらどう書くの？」

「うんとさ、うまく言えないんだけどさ」、言葉に詰まりながら、自分なりの読み取りを答えます。そんなふうに感じてたんだ。そして、自分で考えていたんだと驚きました。

「なるほど。面白いね。そんなふうに考えたことがなかった。じゃあさ、ここはどう思う？」

「そこはさ、よくわからないと思ってたんだ。先生はどう思う？」

一緒にこの詩について思ったことを自由に語り合ってみようともちかけると、「いいね！」と喜び、型にはまらない自由で豊かな発想を語りました。面倒くさそうに言われたことをこなしていたときとは別人のようです。

「すごく楽しかった。細胞が活性化したよ。ありがとう」と私が言うと、こう言いました。

「今日は時間があっという間だった。いつもは死ぬほど長いのに」

積極的な学習者への変身

次の授業です。いつもはダルそうな表情で座っているのですが、この日は「おっ、来たな」という表情です。

「おはよう。この前の授業、楽しかったね」

「ねぇねぇ、これは漢字なのかな?」。紙に「々」と書いてあります。「ずっと知りたかったんだ」

「なるほど、面白いね。そうしたら、二人で検証してみようよ。漢字であることの条件って何?」と話をもちかけます。

「いいね」。目がキラキラ輝いています。

「対応する読み(音)があること」、「意味があること」など鋭い意見が出されます。

その条件に当てはまるか考え、漢字ではないという結論に至りました。確認するために漢和辞典が必要です。引き方を教えると、早く確かめたいという思いを抑えきれないようで必死に学んでいきます。

「引き方がわかった。じゃあ、引くよ」

「うん、頼んだ」

漢和辞典で確認をすると「漢字ではなく記号」と書かれており、二人でとび上がって喜びました。教える者と教えられる者という枠組みはすっかりなくなり、二人で探究の冒険をしているようでした。その後、この子は貪るように学び始めます。

古典も教えられるのではなく、想像しながら、辞典を使って自分なりの訳をつけたいと主張し、古語辞典を使いながら読み解いていきます。知らない花や風俗が出てくれば、百科事典を引きます。とにかく納得するまで考えるので、一時間に一行も進まないことがあります。しかし、楽しそうなのです。それはそれは心から楽しんでいるのです。授業後も一人で学び続けています。

苦手としていた漢字も自分で家庭学習の分量を決め、十か月弱で五学年分のワークをこなしました。一日に何ページ進めるか自分で計画を立てています。

「一日にこの量はさすがに多すぎるでしょ」と私。

「大丈夫。自分で調節するから、黙って任せてくれ」と言います。

驚くべき変化です。怠学傾向と言われた子どもの姿は全く見られません。自ら疑問や課題を見つけて、考え続ける苦しさを学ぶ喜びに変える積極的な学習者の姿がそこにはありました。

学校での学習について聞くと、疑問が生まれて質問をすると、「その質問は今は関係ないことだ」と怒られることが多かったそうです。その時々の瑞々しい疑問や興味を否定されることで、学習に対して意欲を失っていったのかもしれません。学びの主体は子ども自身なのだと教えてもらいました。

大学を卒業して中学校の教員になったばかりのころ、教育学者である林竹二先生の『学ぶということ』（国土社、1990年）という本を読んで衝撃を受けました。林竹二先生は著書の中で「学んだことの唯一つの証は、変わること」と書かれています。変わらなければ、学んだことにはならない。学ぶということはそれほどの意味をもつことなのだと感動しました。そんな学びを実現したいと熱望していましたが、実現できぬまま、そのうちに林竹二先生の言葉を忘れていました。

不登校の子どもの支援をするようになって、この言葉を思い出しました。学ぶことで変わっていく多くの子どもに出会ったからです。学びの力を再発見したと思っています。「子どもは学ぶことが好きなのだ」ということを実感しました。ただし、私が素晴らしい教え手であったわけではありません。子どもたちは自らの意思で学び、成長していきました。私は不登校の子どもたちの学習支援を行うようになって「学ぶ」とはどのようなことなのかを、もう一度考え直しました。

「子どもたちがふかいところにしまいこんでいるたからもの」

林竹二先生は『教えるということ』（国土社、1978年）の中で「授業は子どもたちがふかいところにしまいこんでいるたからものをさぐり出す仕事である」と書かれています。それを読んでそれぞれの中にある力を発見して、伸ばしていく手助けをすることが大切だと考えるようになりました。

教えこむのではなく、それぞれの子どもの学びを考えるようになるとさまざまな発見がありました。

国語は嫌いだけれど、大好きな剣法について学びたいからと剣豪・宮本武蔵が書いたとされる、『五輪書』の読み解きに挑戦した子もいましたし、俳句作りに熱中した子、教科書にはない文学作品を共に読み解きたいと言った子もいました。

「学ぶこと」とともに対人関係やそのほかの面でも、良い変化がみられることが多くありました。A君はまさにそうした生徒でした。

「勉強なんてする意味がわからない」

初めてA君に出会ったのは、A君が小学校五年生のときでした。「あおぞら」の見学に来て、落ち着かない様子でキャスターつきの椅子をくるくる回して座っていました。そのときは通うことにはならず、次に会ったのはA君が中学二年生のとき。「あおぞら」に通うための面談に来たときになります。体が大きくなり、身長も私よりかなり高くなっていました。

昼夜逆転の生活でむりやり連れてこられたので、不機嫌な様子です。面倒くさそうに聞いたことに答えるのですが、勉強について尋ねたときのA君の返事は、今でもよく覚えています。

「勉強なんてする意味がわからない。ゲームをしていると楽しいし、別に勉強なんて必要ないし」

「そっかー。そう思っているんだね。でもさ、ここは勉強も集団活動や体験活動もするところなんだ。大丈夫かな？」

「仕方がないから、別にいいよ。親がうるさいからしょうがないよ」

あららという感じの出会いです。

不登校の子どもとの初めての出会いは、さまざまなことが起こります。よく話してくれる子もいますが、問いかけても小一時間何も話さない子もいます。泣き出したり、保護者とケンカを始めたりすることもあります。

最初からケンカを売ってくるような態度の子もいます。部屋に入って挨拶しようと思った瞬間に「俺は大人の言うことは信じないからな」や「先生と呼ばれる人種は大嫌いなんで」と先制パンチのように言われます。勤務当初は、何と対応したらいいものか、途方にくれたものです。

だんだん慣れてきて、子どもたちの様子がよく見られるようになると、その子がものすごく緊張していることに気づきました。言葉は挑戦的なのですが、追い詰められたような必死さを感じるのです。彼らは、捨て身の覚悟で大人を試しているのではないかと思うようになりました。なぜ試すのか？　それは、不安で、助けを求めているからではないでしょうか。挑戦的な言葉の裏には、「助けてほしい。見捨てないでほしい。リングから降りないで向き合ってほしい」という強い願いが隠されているように思います。

ここで「何を言っているんだ。そんなふうに言うなら勝手にしろ」と怒ったら、彼らはまた大人に見捨てられたと考えるのではないでしょうか。捨て身の攻撃で、向き合ってくれる大人を必死に求めなければならないほど、助けのない孤独の中に身を潜めているようです。

だから最近は、子どもが大人を信用しないと思っていること自体を丸ごと肯定することにしています。おもねるわけではありません。今、そう思っていることを丸ごと受け止めた上で、

「そっか。一緒にやっていく中で、大人もそんなに捨てたもんじゃないと思ってもらえたらいいいな」と答えて、「リングから降りないよ。一緒に歩んでいくよ」という思いをそっと伝えています。共に歩むための戦いの開始です。「私は私でいるから、あなたはあなたのままでいいよ」。そんな思いを抱きながら、少しずつ距離を縮めていきます。

最初の出会いはとても大切です。言葉の一つ一つに反応するのではなく、その言葉の裏にある気持ちを察して、一人の人間として関わっていくよう心がけています。

「もう歩きたくない！」

「あおぞら」に通い始めてからもA君の昼夜逆転は続きます。好きなだけゲームをして、眠くなったら寝て、お腹がすいたら冷蔵庫からご飯を取り出して食べる。そんな生活を送っているようでした。欠席が続きます。来られたときも、徹夜でゲームをしていて、座ったら寝落ちしてしまうこともありました。

私はA君に三回どなられたことがあります。その一回一回が、A君の成長の転機になっているように感じ、思い出すたびになんだか楽しくなります。

一回目は中学二年生の三月に社会科見学に行ったときのことです。とても風の強い日で、歩く行程の長さに子どもも大人も疲れていました。そんなとき道の途中で、突然A君が立ち止まり、全く動かなくなりました。

「どうした？」

無言。突然、履いていた靴を脱いで地面に投げつけ、

「もう歩きたくない。こんなつまらない遠足は初めてだ。いいかげんにしろ！」と

大声でどなりました。

驚きつつも「たくさん歩いて疲れたねー」と声をかけ、肩を叩きます。

「もう嫌だ。帰りたい」と今度は泣き顔です。

「とりあえず、座って休もう」。近くのベンチに座って休憩します。

「あと二十分で大好きなラーメンが食べられるよ。私はあんかけ焼きそばにしようかな。A君は何を食べる?」などと励まし、どうにかこうにか昼食場所にたどり着きました。

大きな体でうっすらひげも生え始めたA君が小さな子どものように駄々をこねる様子を見て、A君が家で一人で過ごした四年という月日の長さを思いました。中学校卒業まで残された時間はあと一年です。

「みじめでみじめでやってられないんだ!」

「あおぞら」は単年度制なので、三年生で再度通うための面談をA君と行いました。

私が考えたのは「大人扱い作戦」です。社会科見学の際の私の声かけは、まさに子ども扱いでしたが、とにかく一年間でA君に格段の成長を遂げてもらわなければなりません。

前回同様、だらっと座っているA君にまずは宣戦布告です。

「私は中学生のA君ときちんと大人の話がしたいので、椅子を揺らさず真っすぐ座ってください」

「えっ」という顔をしながらもA君は座りなおします。そこにまた畳みかけます。

「大人として話すときは、『はい』と返事をして下さい。遊んでいるときはいいけれど、真面目に話しているときは『うん』という返事はダメです。わからないことや納得できないことはきちんと話して下さい」

「はい」。怪訝な顔をしながらもA君は返事をします。

「相談して授業を決めたら、それは約束です。夜ゲームをしていて起きられないという理由で休んではいけません。約束したことを本当に守れるのかを考えて、通う日数を自分で決めてください」

「うん、あ、はい」

A君は週に三日通うと自分で決めました。

大人扱いをしたら、そんなの「やってられない」とふてくされることも想像できました。A君はなぜ素直に「はい」と言ったのでしょうか？

しばらくの間、A君は休まず、遅刻もせずに通ってきました。二十四時間以上起きていて目が真っ赤なのですが、眠くなると水で顔を洗いながら勉強していました。休まず来て、眠いながらも頑張っていることをとにかくほめます。そして、ゲームの時間を決めて生活を改善しようと話すのですが、こちらはなかなか実現できませんでした。

しばらくするとまた欠席が多くなりました。ゲームの時間が長くなり、全く起きられなくなっているとのことです。久しぶりに出てきたA君を捕まえて声をかけます。

「またゲームばっかりやってたの？」。今考えると、これはかなりひどい声かけです。

すると、突然A君がどなりました。これが二回目です。

「先生も俺が楽しいだけでゲームをやっていると思ってるのか。ふざけるな！ ゲームでもしてなければ、みじめでみじめでやってられないんだ！」

A君の怒りと、泣きそうな何とも言えない表情が今も思い出されます。本当です。私は何もわかっていませんでした。A君の悲しみも、焦りも、つらさも。

学校を休み始めて二、三週間は好きなだけゲームができる生活が楽しかったそうです。しかし、日を追うごとに学校を休むことへの罪悪感が生まれ、行けない自分に焦り、やることのない長い時間をもて余すようになったようです。家族との関係も悪くなり、学校に行かなくてはならないというプレッシャーがある昼間は寝る。そのうちに昼夜逆転し、寝たいときに寝て、食べたいときに食べる。あとは、すがりつくようにひたすらゲームをし続ける毎日だったと話してくれました。その中で、勉強に対する思いも語られます。

「あまりにも遅れてしまって、どうすることもできなかった」と。

理解できなかったことを謝り、これからどうなりたいのか、どうやって実現し

ていくか、私は何ができるのかを一緒に考えたいと話しました。A君は、何年も話さずにいた焦りやつらさを、もしかしたら私がわかってくれるのではないかと、ちょっと期待してくれたのではないでしょうか？「またゲームばっかりやってたの？」という私の言葉がどれほどA君を傷つけたか、申し訳ない思いでした。ごめんね。A君。

「意外と自分は何でもできる」

しばらくの間は、モーニングコールを入れてA君の生活改善に協力しました。「あおぞら」の一時間目は遅いので、出勤するとすぐに電話をします。

「おはよー！　起きてる？　今日もいい天気だよ。待ってるね」

出ないときには、五分おきに三十コールぐらい鳴らし続けます。今考えると、ちょっと怖いですね。電話で起こして、

「顔を洗って、水分をとって、ご飯を食べて、気をつけて来るんだよ」と言うと、ものすごく急いで、息を切らしてやって来ます。

しばらくすると、モーニングコールは必要なくなりました。

その少し後に、A君が書いた作文です。

僕が学校に行かなくなったのは、人間関係が上手くいかなくて他の人と会いたくなくなったからです。休んでいる間は、家でゲームをして嫌な思い出を必死に忘れようとしていました。

今僕が休んでいた事を思うと、やっぱり学校を休んでしまっても仕方なかったんじゃないかと思います。小学生の時は、解決方法が思いつかず、ただ嫌なことから逃げることしかできなくて、そのまま中学生になったけど、中学校にも行かなくなり、勉強もどんどん遅れていきました。今は学校に行かなくなったことをすごく後悔しています。学校で嫌なことがあっても、何もできなかった自分が惨めで、そんな自分を変えたくて「あおぞら」に来ました。「あおぞら」に来てからはずいぶんと自分に自信が持てるようになり、ちょくちょく休んだこともあったけど、意外と自分が何でもできると気付けて、最近は休まず「あおぞら」にも来られるようになりました。勉強も遅れてたり、体力もまだあまりないけれど、これからもっと自信をつけて、自分を好きになれるように、自分のやりたいことを自由にできるような自分になりたいです。

A君の言葉を聞いてから、ゲームで昼夜逆転している子どもに会ったときに、「ゲームは楽しいときもあるけど、楽しくなくても、つらい気持ちを忘れるために続けていると言った子がいたんだけど、あなたはどう？」と聞いてみるようになりました。すると、大方の子がうれしそうにうなずきます。「やっと理解してくれる大人に出会った」という子もいました。

A君の大成長！

この作文を書いたころから、A君はどんどん変わっていきます。授業では積み残したところを少しずつ学んでいきたいということで、学年としてはかなり戻って学習を行いました。自習の時間の努力も素晴らしいものでした。とにかく漢字を書けるようになりたいと希望し、小学一年生の漢字から練習を始めました。自分で答えを合わせて、書けなかった漢字は解答を見ながら何度も練習していました。終わったプリントはファイルに綴じていきます。一枚につき百字書くプリントがどんどんファイルされていきます。字も丁寧です。「下手だから、きれいに書けるようになりたい」と一画一画しっかりと書いていました。驚くべき集中力です。一学年七枚あるプリントが小学校六学年分終わりました。

するると、三年生の分をまたコピーしています。まだしっかり覚えられていないから、三年生からもう一度やると決めたそうです。結局、高学年のものは三回目も練習を行っていました。先生だけでなく、周囲の生徒にも「偉いねー」と言われ、照れくさそうにしていました。

同時に対人関係もどんどん良くなっていきます。休み時間に、友達と遊ぶA君の笑い声が響いていました。仲間に入りにくい子にも、明るい声で誘いの言葉をかけます。

学ぶことによって対人面が改善されていくのはなぜなのでしょうか。

その答えのヒントがA君の作文にありました。

僕の強みは何事も努力すればできるようになることです。僕は昔、中学校に行けなくて家にずっと居ました。そんな自分を変えたくて適応指導教室に通うようになりました。通い始めは何もできなくて遅刻や欠席を何回かしましたが、それでも諦めずに努力しているとできることが増えていき、自分に自信がもてるようになりました。今は適応指導教室で週四日も勉強しています。高校では僕の強みを生かして勉強と運動の両立をしたいと思います。きっと難しいし大変だと思うけれど、自分の強みを生かして諦めず努力して、中学校で作れなかった思い出をいっぱい作ろうと思います。

頑張って努力できている自分に対する自信。これが答えではないでしょうか。考えすぎかもしれませんが、「漢字を書けるようになりたい」「漢字を書けるようになったほうが便利だ」というときには、他者への意識が働いているように感じます。漢字（文字）は誰かに何かを伝えるために使うものです。一度は手放してしまった他者との関わりや共同体の中で生きていこうという決意が根底にはあるのではないかと思います。そして、努力して漢字が書けるようになることで、共同体の中で生きていくツールを増やして、さらに自信をつけていくのではないでしょうか。

A君は、私が出す課題をどんどんクリアしていきます。遊びの中で気づかぬうちに同級生を傷つけてしまったときにも、話をするとすぐに行動を改めました。

職場体験にも挑戦しました。朝が早い職場だったので、できるか不安だと話すA君と対処法を一緒に考えました。当日、すっきりと髪を切って、チェックのシャツを着たA君が時間通りに体験先に現れたときは本当にうれしかったのです。

仕出し弁当のお店なので、配達の手伝い、店舗販売、その後はお弁当箱を洗浄する作業があります。お弁当箱の洗浄は、前の年に体験した子もへこたれそうだと話していました。半年前に、疲れて靴を投げつけたA君を見ている私は、ちょっと心配していました。

A君、疑ってごめんね。しっかりと仕事を終えて帰ってきました。

「働くって、大変なことだってわかった。文句ひとつ言わずに、大変な作業を続けてる社員さんたちはすごい！　親が仕事から帰ってくると、『疲れた、疲れた』と言っていて、うるさいと思っていたけど、その気持ちがわかった」

「それさ、親に話しなよ。お母さん、うれしくて泣いちゃうよ」

「やだ」

「なんで？　じゃあ、私が教えちゃおうかな。『お母さん、A君素晴らしいよ』って」

「だめです」

でも、うれしすぎて教えちゃったのです。A君、ごめん。

「俺は先生にほめられたいんだ！」

　A君の頑張りは続いていきます。そんなときに、またA君にどなられます。これが三回目です。

　いつものように次の課題を伝えたときです。

「先生は、次々『あれをやれ、これをやれ』と言うけど、それを俺ができるようになったことに気づいてるか。ダメだと注意されたことを頑張ってやめていることに気がついているか！　頑張っている俺をほめたか！　ほめてないだろう！　俺は先生にほめられたいんだ！　みんなもそう思っているはずだ！　先生はそれをわかってるのか！　わかってないだろう！」

　教室中に響き渡る声でした。自分がどんな顔をしていたのかを想像すると笑えます。「ごめんなさい」。確かにほめていませんでした。とにかくできることを増やそうという思いばかりが先行して、A君の努力を認めることを後回しにしていました。ゲームの話でどなられたときもそうでしたが、どうも私は肝心なときにA君を理解しそこなっています。

その日から頑張ったことを一つ一つ確認してほめるように心がけました。A君も良い笑顔です。A君の努力はさらに加速していきます。

いつのころからでしょうか、ほめられたときのA君の反応が変化しました。目に見えて喜ばなくなったのです。なぜかと考えたのですが、私（他者）からの評価がなくても、自分で自分を認められるようになったからだという結論に達しました。自信がついたと言えば一言で終わってしまうのですが、私の師匠である、ちば心理教育研究所の光元和憲（みつもとかずのり）先生が教えて下さった「自立は依存の内在化」という言葉がぴったり当てはまるように思います。

内在化とは、「自分以外の人の信念や規範を自分の中に取り入れて、自分の信念や規範として位置づけていくこと」です。自立への道がわからず、どうすればよいか迷子になっていたA君は、まず私に認められることで、一つずつ自信をつけていきました。ほめられるという他者のOKが必要であり、その意味では依存していたことになります。しかし、成長と共に、それを自分の中に取り込んで、自分自身でOKを出せるようになったのだと考えられます。

以前、「最近は困ったときに、頭の中で林先生と対話するようになった」と言った子がいました。スクールカウンセラーを始めた当初は、私も「脳内光元先生」とよく対話をしました。「光元先生ならば、ここでなんと質問してくれるだろうか？答えたことに対してどんな言葉を返してくれるだろうか？」。それを繰り返しているうちに、だんだんと脳内で対話することはなくなり、自分の考えとして定着していきました。まさに内在化です。

そう考えると、自立をするためには、しっかりと依存を満たすことが大切だと感じます。保護者から「不登校になってから、子どもの甘えがひどくなってどうすればいいか悩んでいる」という相談を多く受けます。例えば、スキンシップを求めてきたり、やたらとほめてほしいと言ってきたり、意に沿わないことがあるとすぐにすねたり……というようなことです。

不登校になって、文字通り迷子になって不安を抱えている子どもたちは、もう一度甘えて「依存」を満たし、自立へのエネルギーを蓄えているように感じます。だから、依存を内在化するための甘え直しと考えて、付き合ってあげるといいのではないかとアドバイスしています。期間に個人差はありますが、満足すると甘えや依存はおさまり、前に進んでいく子どもたちがほとんどです。

希望に満ちたA君の作文

A君は将来の夢も定まり、高校受験に向けて努力を続けていきます。志望校での抱負を書いた作文は希望に満ちあふれていました。社会科見学で歩きたくないと靴を投げつけてから、なんと一年弱しか経っていません。

僕が貴校で挑戦したいことは勉強と部活動の両立です。勉強と部活動の両立をするために色々な努力をしていこうと思います。

僕は、中学一年生の時に学校に行けなくなって、ずっと家に居ました。そんな自分を変えたくて適応指導教室に通い始めました。しかし、学校に行ってなかった期間が長かったので、同級生より勉強が遅れていて、学力も劣っています。貴校では基礎クラスで中学校の基礎から学び直して、少しずつ学力を取り戻していこうと思います。また、僕は運動は得意な方でしたが、学校に行ってない間に体力が衰えてしまったので、高校では運動系の部活に入りたいと思います。バドミントン部や陸上部に入部して自分でスケジュールを立て、ランニングを欠かさずして以前の自分を取り戻したいです。体力を取り戻しながら大会の出場にも挑戦したいと思っています。これからは自分なりの努力をして、学力や体力を取り戻しつつ勉強と部活動の両立を目指します。

僕の将来の夢は、ゲームクリエーターになることです。バグを修正したり今までにないゲームを創作したりして、色々な人にプレイしてもらえるゲームを作ろうと思います。僕は辛い時に何度もゲームに救われました。だから僕はゲームに恩返しする為に最高のゲームを作りたいと思っています。ゲームはすぐに飽きられてしまいますが、僕は誰もが飽きずに、自由にゲームの世界を旅できるようなゲームを作りたいと考えています。高校卒業後は大学に進学をし、プログラミングなどを勉強してゲームを作るのに必要な知識や技能を身に付けたいです。高校で資格検定にも挑戦し、部活と勉強の両立を行い、友達と楽しく過ごし充実した高校生活を送ります。

A君のそのあと

通いたいと熱望していた第一志望校は不合格でした。一緒に通おうと共に努力してきた友人たちは合格し、合格発表の翌日からA君は三日間欠席します。あれほどの努力が報われなかったことをどう感じて、どう立ち直っていくのか、心配しながら待ちました。そのときの心境が綴られた作文です。後輩へのメッセージとして書かれています。

初めに僕に関しては何も言いませんが、謎のAとお呼び下さい。何か書けと言われてやっていますけど、正直何も話すことは無いんですよね、これが。とりあえず「あおぞら」に来て悪いことは無いと思う。勉強の方で何か役に立ったと言えば嘘なんですよね。正直、今は意味は無いと思います。受験落ちたからね、仕方ないね。力及ばずと言ったところです。ただ、将来ここで習った事が役に立ったと思えるような高校生活を過ごしたいですね、はい。

高校に通い始めたA君はしばらくの間、定期考査のたびに成績票をもって報告に来てくれました。「勉強が楽しくて仕方がない」と話し、「どうかしちゃったんじゃないの」と仲の良い友人にからかわれていました。

A君は高校卒業後、情報系の専門学校に通って、ゲーム作りの基礎を学びました。専門学校の合格報告の電話で、中学校時代の思い出を語り合いました。

中学三年生でのすさまじい成長については、「逃げ道があんまりない現状があったから」と話しました。中学三年生の最初の面談で、残り時間に焦ってA君を大人扱いしましたが、A君の中にある焦りと成長への思いに働きかけられたのだと思いました。追い詰められて自分で選択をしなければ前に進めない。今やらなければだめだと強迫観念のようになっていって、仕方なくやったのだそうです。

「仕方なくやったかもしれないけれど、勉強を頑張ったことが全てのスタートだったんじゃない？」

「ばれたか。できることが増えて自信がついた。そうするとそれがきっかけになって、コミュニケーションが取れるようになったんですよ」

「そうなんだ。良かったね。それはそうと、私のこと、三回もどなったよね。覚えてる？」

「理解してほしくて反抗してたんですよ。わかってなかったんですか？」

「わかってたさ」

「大人は小さいことにはいろいろ言って干渉するけど、大きな決断には何も言わない。大事なところになるとビビッて手を放しちゃうんですよ」

「なるほど」


求めているのは本気で向き合ってくれる大人のようです。大人も腹をくくれと言われているように感じます。


中学時代に書いた作文を振り返り、「自分は『あおぞら』で正直に生きていたんだな」と話しました。

「あなたの正直はなんだったの？」

「認められたい。成長したい」


不登校の子どもたちの心の奥に隠されている成長への意志を大切にしたいと考えています。「勉強なんてする意味がわからない」と話していたA君のように普段は全く表現されませんが、それはどの子どもたちの心の中にも輝いていると感じます。曇っている日の太陽のように。

勉強が苦手だということ

中学校で国語を教えていたときに「勉強が苦手だ」ということの痛みをどれほど理解していただろうかと反省することがあります。わからないつらさをあまり想像しようとしなかったからです。

「怠学傾向」という不登校の理由説明。実はちょっと腹が立ちます。くくりをつけて、それで説明したような気持ちになってしまいますが、なんで怠学傾向と言われるようになったのかを考えることが大切だと思うからです。生まれながらに怠学傾向の子はいないはずです。

「学習性無力感」という言葉をご存じですか？　アメリカのセリグマンが提唱した概念なのですが、抵抗することも回避することも困難な状況に長い間さらされ続けると、そうした状況から逃れようとする自発的な行動が起こらなくなる現象を指すそうです。つまり、できない、わからないという経験を繰り返すことで、できるわけがない、自分は無力だという思いを学習して、やらなくなるということです。一日六時間の授業の多くが理解できない、しかし、黙って座っていなければならないという状況を継続していたら、学習しようという気持ちがなくなることは容易に想像できます。そうしなければ、つらくて教室にいられません。

学習をめぐる忘れられない体験が二つあります。

これもまた私が不登校支援の「ひよっこ」のころですが、「勉強なんてやってらんない」と言っては、個別授業で何もしない男子中学生がいました。「困ったなー」と思いながら、その子の話に付き合っていました。ふてぶてしい態度なのですが、なんだかかわいいのです。

しばらくして「実は、字がちゃんと書けない」と突然言い出しました。

それから、奥の部屋に閉じこもって二人でひらがなやカタカナの確認から始め、漢字の練習に取りかかりました。絶対に周りに知られたくないという本人の思いを尊重して、やっている内容は極秘扱いです。当時はまだ学習障害という概念をよく知らなかったのですが、今思うと書字の困難があったのだと思います。私がお手本を書いて練習した後、二人で書くしりとりをして、遊びながら練習を続けました。しばらく続けた後に「一人で作文を書いてみる」と言い、短い文章ながら書ききることができました。二人して大喜びです。そのとき、その子が言ったのです。

「先生、俺ってできる子だよなぁ！」。忘れられない素晴らしい笑顔でした。

「苦手でできないこともあるけれど、できることもいっぱいある」

二つめは、「ひよっこ」の目が少し開きかけたときに出会った女子中学生です。「人間関係が原因で、不登校になった。自分は空気を読めないからいつも嫌われる」と話しました。しかし、違和感があるのです。空気を読みすぎるほど読み、誰よりも気配り上手だったからです。学習に関しては、自分の学年の内容を学習したいと切望するのですが、読めない漢字が多く、文章の読みとばしも多くありました。漢字は、苦労して見本を見ながら書くのですが、一本線が多かったり、少なかったり、似て非なる字を書きました。

「人間関係ではなく、学習の困難から不登校になったのではないか」と思うのですが、必死に勉強する姿を見て、どうしても言えずにいました。互いにつらさを抱えながら、該当学年の学習を続けました。

しばらく経って、その子が突然、泣きながら叫ぶように言いました。

「小四からどんなに頑張ってもできないの。みんなと同じようにはできないの」

授業についていけないことを悟られてはいけないと思い、教室ではなく、保健室で過ごすようになったそうです。そして、なぜ教室に行けないのかと何度も尋ねられるうちに、「人間関係が築けない」と答えるようになったと話しました。不登校になると、大人はよく理由を尋ねます。どうにか解決してあげたいという思いからです。

人間関係が苦手だというこの子のために、先生たちはさまざまな支援をしてくれたようです。しかし、本当の理由は学習であったため、何年も不登校は解決しなかったのです。逆に、学習という本来助けが必要であった部分には、なんの支援も受けないままでした。

「どこが得意で、どこが苦手なのか、どうやって勉強すれば、わかりやすいかを一緒に考えよう」と伝えました。

数学は学年の内容が理解できますが、「読む」ことと「書く」ことが苦手でした。聞いて理解することは得意です。教科書を読み聞かせると、十ページに及ぶ内容を一回でほぼ覚えて、口頭で問題を出すとほとんど答えられました。漢字は、書くときの手の勢いで覚えているということだったので、聞くという得意な能力を生かして、歌って体を動かしながら覚える方法を二人であみ出しました。「♪木は、横、縦、はらって、はらって、枝伸ばす。根っこがあるからはねちゃダメ♪」などと歌いながら体を動かして漢字を宙で書きます。文章を読むことについても、読んでいる行以外が隠れる「読み読み棒君」と名づけたボール紙を自作し、それを使うことによって、少しずつ読めるようになりました。

一つやり方がわかると、それを自分で応用していきます。そのうちに歌や「読み読み棒君」は必要なくなりました。素晴らしい勘の良さです。うまくいかないときには、相談をしながら、学習方法を改善していきました。

卒業のときに「自分は苦手でできないこともあるけれど、できることもいっぱいあることがわかった」と話してくれました。

一人一人の苦手さに寄り添う

特別支援教育については、平成十六年に発達障害者支援法が制定され、平成十九年から本格的に実施されました。私も良い支援ができるようにと特別支援教育を学び始めました。学ぶ中で、今までなかなか支援がうまくいかなかった子どもたちへの理解が深まりました。現在は当時に比べ、発達障害への理解が広がり、ＩＣＴの活用等、さまざまな支援が考えられるようになりました。本当に良かったと心から思います。

苦手さについて、私自身の経験に少し触れてみます。私はいわゆる不注意な子どもで、小学生のころは「忘れ物女王」でした。

当時は「忘れ物表」というものが教室に貼られていて、忘れもの一回につき、赤丸シールが一枚ずつ貼られていきます。私はダントツ一位。紙が足りなくなって、私のところに細長い紙がつけたされましたが、それでも足りなくなって、壁に直接シールが貼りつけられるようになりました。シールを貼ることで、意識を高めて、忘れ物をなくそうという先生の考えだったと思うのですが、あまりにぶっちぎりだったので、そのうち気にならなくなりました。

だからと言って、努力をしなかったわけではありません。私は「かぎっ子」だったので、家を出るときには一人です。だから、絶対に忘れないようにドアの真ん前に荷物を置いておくのです。まっすぐ歩いたらぶつかる位置なので、さすがに忘れないだろうと思うのですが、学校に着いたときに「あっ、また置いてきちゃった」

と気づきます。他のことに気を取られると、無意識のうちに荷物をまたいでいるようです。「あーあ」。先生の「またか」という顔が思い浮かびます。怒られたって、無理なものは無理。今考えると、うまくいかない経験を重ねることで、どうせ無理だとあきらめて開き直っていたのだと思います。努力してもできない子どもを叱ったところで、できるようにはなりません。自分はダメな子だという思いを植えつけるだけです。まさに「学習性無力感」ですね。

ですので苦手さを少しでも克服できる方法を一緒に考えて、うまくいかなかったら修正していくという取り組みが有効ではないでしょうか。苦手さの様相はそれぞれなので、一人一人違う困りごとやニーズを丁寧に見る必要があります。

苦手さのある子どもの思いを体験する

学習に関しても、学習障害は一くくりに「勉強ができない子」と見られていることもあるようです。

「読む」ことが困難だと、教科書や問題を読むことが難しいために、その他の能力を発揮しにくくなりますし、「書く」ことが苦手だと、わかっているのに書けない、書くのが間に合わないといったことが起こります。だから、一部の能力の問題であっても学習全般に影響するのです。

逆にほかのことができるのに、特定のことが苦手なので、怠けていると勘違いされることもあります。「書く」ことに困難がある子が、一生懸命練習していたのにもかかわらず、さぼっているから点数がとれないのだと先生に言われて不登校になった例もありました。

知識として発達障害を理解するだけでなく、そうした子どもたちの心情を理解しようと努めることも大切だと感じます。そうすると、自ずとその子どもへの声かけが変わってくるからです。

日本ＬＤ学会が出している『ＬＤ・ＡＤＨＤ等の心理的疑似体験プログラム』というソフトウェアがあります。「子どもが示す困難さについて、焦りや苛立ち、不安などをあわせて心理的に体験することによって、子ども理解を深めることをねらい」として作られています。

このプログラムを子どもとして体験する研修に参加したときは、心から疲れました。一生懸命にやっているのにできない、成果が上がらない。頑張っていることを先生はねぎらってもくれず、追い詰めるような言葉ばかりをかけてくる。そうした言葉かけをするプログラムだとわかっているのですが、私は、先生役の講師が大嫌いになりました。苦手さのある子どもは、毎日こんなしんどい思いをしているんだなぁと実感したものです。

学校の先生たちの研修で、このプログラムを体験してもらうことがあります。

「やってられないと思った」

「講師の声かけは、自分も授業で何げなく使っている言葉だった。それが苦手さのある子どもたちを追い詰めていたと気づいた」

「講師のような先生にだけはなりたくない」

など、さまざまな感想が寄せられます。確かな知識と相手を理解しようと思う温かい心の二本立てが必要だと感じています。

人として他者と生きるための学び

ここまで学習面での学びについて書いてきましたが、「人として他者と生きるための学び」も適応指導教室では大切だと考えています。「ある朝の光景」でも書きましたが、遅刻をしたときに「ごめんなさい」と伝えられることもその一つです。人間関係を築くために、「ありがとう」や「ごめんなさい」を素直に伝えられることは大事ですよね。

遅刻をして、何も言わなかったので注意したら、見事なまでに不機嫌になった女子生徒がいました。もう来なくなるのではないかと心配したくらいです。不機嫌だけれど、一生懸命に学ぶ。私も不機嫌さには何も触れず、授業を進めていきました。以後、何事もなかったように通ってきたので、気持ちが伝わっているといいなと思っていました。

中学校の卒業式に出席できたと報告に来てくれたときのことです。「後で読んで」と手紙を渡してくれました。

「あおぞら」に通って、いろんなことを教わったし、自分自身も変われた。林先生に勉強の他に教わったことで一番覚えてるのは「謝ること」かな（笑）。
遅れて行って、何も言わないで席に座ってたら「遅れたら、遅れてすみませんって言おうね」って言われて、叱られるのが嫌いだから、叱られた後も機嫌悪かったのを覚えてる（笑）。

「あおぞら」に通ってた時は行くのがめんどうくさかったけど、もう通うこともないんだなと思うと寂しいし行きたいなって思うほど楽しかった。朝行くのがめんどうくさくて、いちいち電話して、林先生に「来てー」って言われることもないんだね。あー！　早い。足りない。もっと早く会いたかった。

そして、帰り際に、小さい声でしたが、大きく口を開けてゆっくりと「あ・り・が・と・う・ご・ざ・い・ま・し・た」と言って頭を下げました。心からの「ありがとう」をもらったと思うとともに、ふいに「私の役割は終わったんだなぁ」と実感しました。なんでそんなふうに思ったんだろう？　光元和憲先生の『母と子への贈物』（かもがわ出版、２０１３年）を読んだときにわかりました。

人はひとりで生きていたのでは生きている実感は得られず、ひと（他者）とのかかわりの中で生きるときにのみ、生きている実感が得られる、そうわたしは考えています。

では、ひととのかかわりのなかで生きるとはどういうことかというと、それ

は、

第一に、「ひとさまのお役に立つことをすること」「仕事をすること」

第二に、「あいさつをすること、お礼を伝え、謝罪をつたえること」

第三に、「ルールを守ること」——です。

手紙の中で、この子は困っている友達の役に立ちたいけれども、上手にできないと振り返っています。「ひとさまのお役に立つこと」、これは第一の条件ですね。そして、第二の条件「あいさつ、お礼、謝罪」もクリア。時間を守るという「ルール」も、叱ってからは頑張って守っていました。

この子は、人として他者と生きることを学び、「ひととのかかわりのなかで生きる」準備と覚悟ができたのです。だから、私の役割が終わったと思ったのだと納得しました。「人との関係の中で生きる」ことについては、次章でお伝えします。

叱ること、ほめること、ほめられること

この子をはじめ、私は「あおぞら」で学びのために必要だと思ったときには、子どもたちを叱るのですが、不登校の子どもを叱ると話すと驚かれることがあります。私としては驚かれることにビックリです。これもやっぱりプロローグで書いた認知バイアス、「不登校の子どもは傷つきやすいから、むやみに叱ってはいけない」という思いこみでしょうか。腫物扱いに傷ついている子どもは多くいます。

でも叱っているだけではダメ。A君に教わったことですが、叱ることとほめることはセットです。ダメなことはダメ。でも、できたときにはしっかりほめる。ほめるためには、その子をしっかり見ていることが必要です。「ちゃんと見てくれている」という安心感もほめられるという行為には含まれているのかもしれませんね。

保護者との相談の中で、「ほめるのは難しい」「うちの子はほめるところを見つけるのが大変」という言葉を聞きます。どうも「ほめ下手」さんが多いようです。たしかにほめるのは難しい。でも、そんなに大げさに考えなくてもいいのではないで

しょうか。

「よく来たね」「はい、できたね」「いいじゃない」。こんな短い言葉でも伝わります。こちらの方が私たちの感覚にはしっくりくるように感じます。

逆にほめたときに絶妙に嫌そうな顔をする子たちがいます。

「ほめたのに何で嫌そうな顔をするの？」

「うれしいけど、どんな顔をしていいかわからない」

「そうなんだ。『ありがとう』とか『まあねー』とか言っておけばいいんじゃないの？あたしはそう言うな」

「先生はそういうキャラだからいいけど。自分がやったら、なんか鼻にかけてるみたいに思われそう」

「うーん、そうなんだ。じゃあ、とりあえずニッコリしたらどうかな？　怖い顔をしてると悪いこと言ったかなって思っちゃう」

「そんなに怖い顔してた？」

「うん。とっても」

「ほめられ下手」さんも多いようです。

＊＊＊

私は、A君をはじめ、「あおぞら」の子どもたちからたくさんのことを学ばせてもらいました。子どもが成長することで、私も成長する。成長した新たな関わりの中でまた互いに成長する。成長の連鎖だなぁと感じます。これからも学ぶことがたくさん。私もまだまだ成長中です。

第２章

人との関係の中で生きる

一年ぶりの会話

「あぁ、中学生と話したのは一年ぶりだ」

夢見るような、ため息のような声でした。「あおぞら」を見学に来た男子中学生がそのとき教室にいた生徒に「こんにちは」と言われ、返事をしたときに発した言葉です。

そうだなぁと実感します。不登校になると周囲との人間関係はどんどん希薄になっていきます。友達と連絡を取り続けている子もいますが、不登校であるという負い目から人間関係を断っていく子も多いのです。祖父母や親戚にも会わないという子もいました。

人と会わずに、自分の世界にこもっていると、人と接することがどんどん怖くなっていくようです。

「緊張して声が裏返ったらどうしよう」「相手が言ったことにうまく答えられなかったらどうしよう」「つまらない人間だと思われたらどうしよう」などと雪だるま

式に不安が増えていきます。「不登校になる前は普通に話せたのに、今はなんて答えようか考えているうちに声が出なくなってしまう。なんでだろう？」という子もいました。

上手に築かなければいけないと思えば思うほど、人間関係は難しく、怖いものになっていきます。

「あおぞら」では、まずは個別の授業の中で大人と関係を築き、休み時間の少人数での遊びの中で安心感が得られたら、集団活動や体験活動に参加するという方法をとっています。もちろん、最初から全てに参加する子もいれば、休み時間の遊びへの参加を躊躇する子もいます。初めはそれぞれに合わせて、無理強いせずに様子を見守っていきます。

そして、「別に話さなくていいから、ゲームだけ楽しんでみれば。絶対勝ってやるぜとか思っているといいかも」などと話します。

最初は、おそるおそる参加するのですが、見ているとそのうちに何となく会話しています。コミュニケーションをとることを目的にすると、構えすぎて話せなくなってしまいますが、ゲームを楽しもうと思っていると、自然にコミュニケーションがとれるようになっていきます。そのうちに、休み時間を楽しみに通う子も多くなります。

「あおぞら」は小学校高学年から中学校三年生までが通う教室なので、休み時間は学年も男女も関係なく遊びます。いわゆる異学年集団です。同学年だけだと構えてしまう子も、他学年がいることで緊張感が和らぐこともあります。

休み時間のゲームを楽しむうちにコミュニケーションがとれるようになり、人と過ごすことが楽しくなります。共に過ごすことが楽しくなることで、さらにコミュニケーションが活性化し、より一層関わりを求めるようになるという好循環が生まれるようです。

気持ち悪いゴリラを串刺しにして、しょうゆをかけて食べる夢

Bさんは中学一年生から不登校になり中学二年生の年明けから「あおぞら」に通い始めました。人間関係がつらくて、登校できないと話しました。学習には真面目に取り組みますが、休み時間は、ブースで過ごすことも多くありました。固く結ば

れた唇は、Bさんの心のようだと感じていました。

Bさんが中学二年生の三月に書いた作文を紹介します。「十年後の自分」というテーマです。

昨日夢に出てきたゴリラがいきなり喋り出したと思ったら、「(所属)中学校は礼儀などがしっかりしていて他校から褒められているなどと教師達は話しているが、そんなの周りから褒められている学校に勤めている自分が好き、礼儀がなっている生徒をつくりあげることができる自分が好きなどといった感じでほとんどがエゴでありその厳しさや教師の威圧感に耐えられなくなり学校に行けなくなった生徒がたくさんいてお前もその中の一人であって……」などということを長々話してきてなかなか終わらなかったのでそのまま串刺しにしてしょうゆをかけて食べました。(これはあくまで夢に出てきたゴリラの話であって決して私が思っていることではないです絶対に。)

そんな気持ち悪いゴリラが夢に出てくるくらい学校生活が充実していない私が考える十年後は、色々考えたのですが結局は生きていてくれていればそれでいいかなと思っています。欲を言えばイラスト関係の仕事に就きたいのですが未来の私はもしかしたら絵が今よりも絶望的に下手になっているかもしれないので手遅れになる前に美術大学に入って画力を上げたいです。

「こんなふうに思っていたんだ」というのが初めて読んだときの感想です。あまり話さないBさんの心の中に、たくさんの言葉や思いが詰まっていることが初めてわかりました。そして、イラスト関係の仕事に就きたいと書きながらも、十年後の自分が「生きていてくれていればそれでいい」という結論に至ったBさんの現在への希望のなさと、そうした心を支えているであろう彼女独特のユーモアを感じました。

先生との人間関係に悩む子どもが多くいるということが、令和三年十月に文部科学省が発表した、過去に不登校を経験した本人を対象とした「不登校児童生徒の実態把握に関する調査報告書」に示されています。

「最初に学校に行きづらいと感じ始めたきっかけ」として、小学校では「先生のこと（先生と合わなかった、先生が怖かった、体罰があったなど）」が29・7％と最も多く、中学校でも「身体の不調」32・6％、「勉強が分からない」27・6％に次いで、27・5％の子どもが「先生のこと」と回答しています。

先生が対象の調査では、先生との関係が不登校のきっかけだという結果はあまり出てきません。先生と子どもたちの認識には温度差がありそうですね。

「あおぞら」では、校則や学校のルールが理解できずになじめないということも、子どもの話に多く出てきます。

「なんで、髪の毛は低い位置の一つ結びでなければいけないのか」

「靴下の色や長さまで決められているのはなぜか」

さまざまに挙がります。近年、合理的ではない校則について見直しがされるようになりました。本当に良かったと思います。学校の校則やルールは何のための決まりで、誰のためのルールなのか、子どもと大人がコミュニケーションをとる好機だと感じています。

突然の学校復帰

作文について話す間もなく、中学三年生の四月からBさんは所属中学校に復帰します。「とにかくびっくりした！」というのが本音です。復帰するとはまったく思っていませんでした。学校の中で先生や友達とどのように関係を築いていくのだろうか。「頑張れ！　Bさん！」。心の中で念じながらも、長く続けるのは難しいのではないかと思っていました。Bさんの学校復帰への思いは、およそ一年後に書いた作文でわかります。

私の強みは一度心に強く決めたことは最後まできちんとやり遂げることができることです。私は三年の新学期に少しの期間ですが「何か変わるかもしれない」と思い、勇気を出して学校に復帰することができました。この決断は周りの人から学校に行くように促されたり、学校について何か言われたのではなく、「学校に行ってみよう」と自分で考え決断しました。

「何か変わるかもしれないと思って」学校に行く決心を一人で固めたのです。自分で何かを変えようと決意したとも考えられます。

復帰から二か月後、Bさんが一緒に学校復帰した友達と「あおぞら」に顔を出しました。よく話し、明るい笑顔で中学校生活を語ります。Bさんってこんなふうに話す子だったんだ。別人かしら？　と思うほどの変化です。共に復帰した友人と助け合いながら、他の生徒や担任の先生とも、関係が築けている様子です。

「先生は苦手だけど、中には理解しようとしてくれる先生もいることがわかった。どうにかコミュニケーションがとれている」と話していました。つながれたんだなと安心しました。

コミュニケーションは互いに意思や感情、そして考えを伝え合うことです。子どもを社会化するための説諭や指導も必要ですが、Bさんが求めていたのは、先生とのコミュニケーション、つまり伝え合い、理解し合う双方向の関係だったのだと納得しました。よかったね。Bさん。

Bさんと先生との関係性を聞いて、このときの私は、「これで大丈夫だな」と安心していました。

「人間はつらすぎるから……」

私の安心とは裏腹に、この数か月後にBさんは「あおぞら」に戻ってきます。初めて会ったときよりもさらに暗い表情で、なかなか言葉が出ない状態でした。絞り出すように「人間はつらすぎるから、次に生まれてくるのなら虫になりたい。蚊でもゴキブリでもいいから人間以外のものになりたい」と話す姿に、人間関係で傷ついたのだろうと感じました。こんなに深く傷つくなんて、いったい何があったんだろうか？

ブースで一対一で話すときも、Bさんは思いっきり壁に寄って、少しでも私と距離をとろうとします。体全体で他者を拒否しているように感じました。今は何も聞かない。Bさんが話してくれるのを待っていようと決めました。

Bさんと私の共通点は読書好きということです。勉強の前に最近読んだ本の感想を伝え、Bさんの読んでいる本について聞きます。あまり読んでいないという返事のこともあれば、書名や感想が語られることもありました。

Bさんが「先生と呼ばれる人全員に読んでほしい」といった本があります。辻村深月さんの『かがみの孤城』（ポプラ社、２０１７年）です。学校で居場所をなくして家に閉じこもっている中学生の女の子「こころ」が主人公の物語です。さまざまな伏線が見事に回収されていく物語に引き込まれましたが、読んでいるうちに、繊細な主人公「こころ」がBさんと重なってなりませんでした。登場する不登校の子どもたちが話している言葉も、いつも接している子どもたちの言葉と重なります。

物語の中には、子どもの複雑な心を理解できない、しようとしない大人たちが登場します。理解されないことで、子どもたちはさらに傷ついていきます。「先生と呼ばれる人全員に読んでほしい」という言葉は「もっと子どもの心をしっかり見てほしい。理解してほしい」ということなのだと感じ、Bさんの思いをきちんと受け止めていこうと決意を新たにしました。

三角形の対話

本を介しての三角形の対話は、非常に有効だと感じます。あなたと私という直線的な会話で自分について話すことを苦手とする子は多くいます。共に本に視点を置き、本の内容を通して会話することで、話さなければいけないという圧迫感が軽減するようです。本について語っている内容に本人の思いが見え隠れします。三角形の頂点は、マンガやゲームであっても、推しであってもいいのです。Bさんとは作文を介した三角形の対話もしました。

しばらくして、突然Bさんが話し始めます。

「『不登校となんて話せないよ』ってクラスの男子が、言っているのを聞いた」

Bさん自身にではなく、不登校から学校復帰した他の生徒について話しているのを偶然聞いてしまったようです。

「その子は精一杯頑張っているのに。きっと自分も同じように言われているのだと思ったら、怖くて仕方がなかった」

不用意に飛び出した一言が、Bさんの心に深く突き刺さったのだと感じます。不登校から抜け出そうと頑張ってきた自分という存在を否定されたように感じたのではないでしょうか。存在を否定されることほど、つらいことはありません。

先に挙げた「不登校児童生徒の実態把握に関する調査報告書」（文部科学省、令和三年十月）でも、不登校のきっかけとして、友達関係が大きな割合を占めています。「最初に学校に行きづらいと感じ始めたきっかけ」として「友達のこと」のうち、「いやがらせやいじめがあった」は小学校が25・2％、中学校が25・5％となっています。「いやがらせやいじめがあった」以外は、小学校が21・7％、中学校が25・6％になっています。小学校、中学校共に約半数の子どもたちが友人関係に悩んでいたという結果が示されています。

「作文が書けない」

その後、高校の試験課題でもある作文を通して、Bさんと対話を積み重ねていきました。

「作文が書けない」とBさんが言います。Bさんは読書量も多く、言葉少なに語る言葉の端々に鋭い観察眼や感性が感じ取れます。二年生のときに書いたゴリラの作文を見ても、文才ありです。目にはたくさんの思いが浮かんでいるのに、言葉にすることを何かが堰（せ）き止めているようでした。

「作文が書けない」という場合、次の二つのことが考えられます。

・文章を綴ること自体が苦手、または嫌いである
・何らかの原因で自分の思いをアウトプットすることを怖がり、拒否している

不登校の子どもは後者の要因も多くみられます。そうした場合は、文章を介した「三角形の対話」を継続していきます。

「この文についてもう少し教えて。どんなときに思ったの？　ほかにも感じたこと

がある？」と聞いていきます。

「そういえば……」「うまく言えないけど……」「変なことを言うかもしれないけど……」とポツポツと語られる言葉を拾っていきます。ブースで横並びに座り、視線は共に作文用紙にあるというのが良いようです。

「内なる子ども」と向き合う

しばらくして、Bさんが「話したいことがある」と私の顔を見て言いました。Bさんから話したいというアクションがあったのは初めてでした。よっしゃ！　自分から「話したい」と言い、「困っている」ことを表現できるようになったら一安心です。

「親とコミュニケーションがうまくとれない。親であれば、自分が何も言わなくても、自分のつらさや思いが全部わかるはずなのに、なんですべてをわかって受け入れてくれないんだろう……」

その言葉と様子から「わかってよ！　寂しいよ！」と、Bさんの心の中の小さな子どもが訴えているように感じました。

私の中にも、小さな子どものままの心があります。怒りや寂しさ、なぜわかってくれないのかと心が波立ち続けるときは、心の中の「小さな千恵子ちゃん」が泣いて暴れていることが多いようです。心理士の資格を取るために、自身もカウンセリングを受ける中で気づきました。

心理学では「インナーチャイルド（内なる子ども）」と呼ばれます。親など身近な人との経験を通じて刷りこまれた事柄（悪い刷りこみと良い刷りこみ）の集合体で、私たちの性格と自己価値観に大きな影響を与えるも

のとされています。ポジティブな刷りこみよりもネガティブな刷りこみの方が、大人になってから大きな影響を及ぼすと言われています。

怒りや悲しみなどのネガティブな感情に覆われたとき、「あー、また小さな千恵子ちゃんが泣いているな」と思い、まずそれを受け入れます。それから、心の中でおかっぱ頭の小さな千恵子ちゃんに「大丈夫。心配ないよ」と声をかけます。傷ついている小さな自分を自分で抱きしめてあげる感覚です。そして、小さな千恵子ちゃんが落ち着いたら、大人の自分として今の状態をどうしていこうかと考えます。小さな千恵子ちゃんの存在に気づかなかったときは、怒りや悲しみに振り回されてヘトヘトになっていたのですが、気づいたことで自分の心とだいぶ付き合いやすくなりました。

「心の中の小さなBちゃんが泣いて暴れてるんじゃないかな？」

話した方がいいと感じたら、「小さな○○ちゃん」のことを伝えて説明します。あまりピンとこないような反応のときは、「いつぞやそんなことを言っていたなと思い出して」と言い、なんとなくピンときた反応のときには、どう付き合っていくか相談します。

以前、相談後に「小さな私と小さな千恵子ちゃんがハグして、ヨシヨシし合っている感じがした」と言われたことがありました。ビックリ！　私は大人の千恵子さんで話していたのにな。

風に向かうひよこさん

しばらくの間、話を聞きながら、Bさんに「親子でも伝えなければわからないことはたくさんあるよ。親子だからこそ距離が近すぎてわからないこともあるよ。自分の思いを伝えてみようよ」と繰り返し伝えました。

「親子だから伝わっているだろう。理解してくれているだろう」という思いは親子ともにありますよね。それゆえに言葉足らずになってしまったり、一番大切なことを伝えられなかったりするのだと感じます。並行して親と子の相談を行っていることも多いのですが、互いを大切に思っているのに、すれ違って、互いの思いが伝わっていないと感じることが多くあります。両思いなのに片思いだと互いが思っている感じ。そうしたときには、何を伝えたいのか、伝えてほしくないことは何かを確認した上で親子の仲人をします。お母さんにBさんの気持ちを伝えました。

「ずっと子どもから拒否されていると思っていました」

Bさんのお母さんの言葉です。ときには関わりを拒否し、またときには鋭い言葉で対してくるBさんとどう向き合っていけばよいのか、お母さんも考え続けていたそうです。

不登校になると親子関係は難しくなることが多くあります。愛情があるからこそ余計にもつれるのです。

その後、人間関係に対するBさんの今の心の状態を鳥の成長にたとえてお母さんと一緒に考えました。「風に向かって一生懸命目を開いているひよこさん」というところで一致しました。一度くじけてしまった人間関係の中でもう一度立ち上がろうとしているからです。なんだか雄々しくて、愛らしいですね！「ほっといて！」とニワトリが言ったらかわいくないけれど、ひよこさんが言っていたら微笑ましいですよね。Bさんに怒られそうですが、そう思ってBさんと接してもらうことになりました。

その後、Bさんの言葉による表現は豊かさを増していきます。家庭内の経過は詳しく聞きませんでしたが、Bさんの変化で想像できるように感じました。

しばらくしてお母さんから連絡をいただきました。受験相談の際の担任の先生の厳しい言葉に傷ついて泣きじゃくるBさんを抱きしめたときに、「小さな子どものようで、かわいそうで愛しくてならなかった」とおっしゃっていました。つらい経験ではありましたが、親子で愛情を確認できる機会になったのではないでしょうか。

殻を破ったような成長

Bさんが泣くほど傷ついた受験相談の翌々日のことです。

「林先生が話したいだろうと思ったから来た」とBさん。

Bさんが話したいのではないかと思いつつ、「話したかった。よく来たね。えらい」。

「担任の先生の厳しい言葉に傷ついたけれど、先生が言っていることは納得できたからもう大丈夫」

Bさんはさらに一段成長したようです。その後、Bさんは迷いを吹っ切ったように志望校を決め、前に向かって進んでいきました。

対人面でも大きな変化がありました。休み時間の遊びに参加し、待つのではなく、自分から積極的に関わっていくようになりました。そういえば、いつのころからか、声が大きくなり、よく笑うようになりました。人間関係で自信をつけていることが当時の作文にも綴られています。

私は学校の他に適応指導教室に通っています。私以外の中学生もたくさん通っており、授業の他に休み時間や行事などもあります。私はそこで休み時間に皆との遊びに参加しようか迷っている人がいたら相手の立場になって考え、積極的に遊びに誘うことを心がけています。この気持ちは生きていく中でとても大切だと思っています。この心持ちを高校生活でも大切にして人と関わっていきます。

人間関係における傷つきが癒え、人との関係の中で生きていく覚悟ができた子どもたちは、まだ不安を抱える子たちが仲間に入れるように、よく気を配ります。それが決して押しつけがましくないのです。

「大丈夫だよ。明るい方においで」と言っているようです。

Bさんは将来に対する思いも、大きく変わりました。「生きていてくれていればそれでいい」と書いてから十か月後の「将来の夢」というテーマの作文の一部です。

私は絵を描くことが好きなので将来はデザイン系の仕事に就きたいです。ですが、絵を描いていてあまり楽しくないときもあります。その時に描いた絵は下手に感じることが多いです。これは他のことにも当てはまり、楽しくないと自分の最大限の力を出せないと考えます。だから私は苦しい時でもその中で楽しいと感じることを見つけていく力を付けたいです。

不登校支援をしていて、子どもの心の成長は一定のリズムではないことを実感します。Bさんもそうですが、短期間に人間がそっくり変わってしまったとしか思えない、殻を破ったような成長に出会うことがあるからです。苦しみが大きい分、変化や成長もまた大きいのでしょうか。

「人間ってすごい！　子どもってすごい！」。ただただ感動することがしばしばあります。

「すべては自分次第」

中学校の卒業間際に、Ｂさんと学校への思いを語り合いました。

Ｂさんにとって、「あおぞら」は自分を隠すことなく、安心して過ごせる場所だったそうです。その上で、学校と「あおぞら」は何が違うのかを考えたと言います。

「答えは出たの？」

「すべては自分次第ということだった」

「もう少し詳しく教えて」

「『あおぞら』では、自然と苦手なことに挑戦したり、自分から人に関わったりすることができた。それは、優しい先生たちや仲間がいる『あおぞら』が好きだったから。好きっていう気持ちが、自然とモチベーションになって頑張れたんだと思う。だから、自分次第」

「すごい。すてきだね」

「これからは、そういう環境を自分で作れるような人になりたいと思ってる」

「さらにすてき。そういう環境って、どんなの？　言葉にしてみて」

「互いを信頼し合って、自然と努力して成長したいと思える環境かな」

「どんなふうに実現するの？」

「高校ではたくさんの人と関わって、いろいろな人のことを知りたい。お互いを知り合って、信頼し合うことが大切だと思うから」

「いいね」

「中学校生活は本当に大変だったけれど、得たこともたくさんあったかな。それを糧にして、これからも頑張る」

「いつか訪れる光を信じてね」

Bさんが不登校の後輩へのメッセージを残してくれました。

不安がらないでね
日々の楽しみを見つけてね

自分の「好き」を大切にしてね
誰かに馬鹿にされたり、けなされたりしても絶対にね
違和感をおぼえたら逃げてね
他人と自分を比べずにね
いつか訪れる光を信じてね

「いつか訪れる光を信じてね」という言葉は「大丈夫。きっと明るい日が来るよ、きっと自分を大切にできるよ」という温かい励ましの思いが込められているようです。

「大人の言うことはうさんくさい」

このメッセージを読んで、「自分も大丈夫だと思える日が来るのかな」と言った子がいました。「もちろん、来るよ」と答えたら、「大人の言うことは、うさんくさいからな」と言われて苦笑したことがあります。

不登校が継続する中で大人からかけられた言葉は、気休めや同情、押しつけ、自

分を動かそうという意図のもとに発せられたものだと感じていたそうです。

大人が言ったことに納得していないのに、「はい」と返事をする子どもは多くいます。なぜ子どもたちは納得していないのに「はい」と言うのでしょうか？　それは心を開いてないからだと思います。自分の思いを理解してもらえるはずがないとあきらめている場合もありますし、『はい』と言っておけば面倒くさい目に合わなくていい」「素直じゃないと怒られると嫌だから」と話す子もいます。「はい」と返事をしたから頑張ると思ったのに、どうして動かないのだろうかと疑問に感じたら、その「はい」が本当の気持ちだったのかを今一度振り返ってみる必要がありそうです。

会話の中で「あれっ」と思ったら、

「私の言葉を聞いて顔が曇ったけど、そんなことあるわけないって思ったんじゃない？　今までもなかなか信じてもらえなくてうさんくさいって言われたりしたの」

と言ってみます。

正直に「はい」と言う子も言えない子も、ほぼ一様に笑顔になります。「ほんのちょっとだけど、自分の思いを察してくれたんだな」と思っているのではないでしょうか。「あなたの思いを尊重するよ。一緒に歩いていこうよ」という思いをこめて、

「私の言っていることが納得できなかったら違うって言ってね。そうしたら、少しずつ一緒に考えていけると思うんだ」というようなことをつけ加えることもあります。

子どもたち、特に不登校の子どもたちと話していて感じるのは、彼らの人に対する感度の高さです。理屈で理解しているというよりは、直観的に相手を見ているのだと感じます。そうした子どもたちの心と付き合うには、時として先生や親といった役割ではなく、一人の人間として関わっていくことが求められると感じます。大げさかもしれませんが、大人としての自分が問われていると、腹をくくって関わっています。

「対人関係の絶食期間」

一緒に歩く道をなかなか見いだせない場合もあります。Cさんはまさにそうした子どもでした。Cさんは中学校一年からほとんど登校せず、「あおぞら」に通うことになりました。しかし、とにかく来ないのです。電話をすると、いつも寝ぼけ声です。

「夏休みは二か月前に終わっているよ。一人で夏休みを延長しないで出ておいで」「おーい、寒いからって冬眠しないで」とさまざまに声をかけます。答えはいつも「はーい。頑張ります」でした。

たぶん、言った本人も頑張れないと思っているし、聞いた私も無理だろうと思うのですが、この「はーい。頑張ります」が互いを繋ぐ細い糸のようで、「楽しみに待ってるねー」と電話を切ります。

Cさんは行事には休まず参加しました。行事で楽しんでいる姿を見て、「これで明日から授業にも来られるだろう。良かったな」と思うのですが、次の日からまた昼夜逆転。

「なんでだろう？　どうすればよいのだろう？」。不登校支援の「ひよっこ」だった私はいつも考えあぐねていました。

Cさんの本心が理解できたのは、なんと中学校卒業から四年後。Cさんが高校四年生で書いた作文を読んだときです。

Cさんは、高校四年間、無遅刻無欠席で通い続けました。自信をもって高校生活を語るCさんに「中学校生活を振り返って、自分が頑張れるはずがないと思っている後輩へのメッセージを書いて」と頼みました。少し長いですが紹介します。

私は自他共に認めるマイナス思考だった。いわゆるネガティブというやつだ。何をするにも人の目を気にし、その行動に対して悪い評価をされていると考えていたため、自信をもつことができなかった。自信をもてないことにより、褒め言葉を素直に受け取ることができず、人を疑うようになりはじめた。そんな私が中学校に行かなくなったのは当然の流れと言えるだろう。

私は、中学校に入学から卒業まで行かず、三年間のほとんどを布団の中で過ごしていた。人との関わりも極力避けていた。昼まで寝て、ご飯を食べ、テレビを観てから朝に寝る。そんなリズムの狂った生活をしていた。この生活はとても楽しかった。時間に縛られず、好きなことが好きなだけでき、とにかく他人を気にすることがなかった。私はこの他人との関わりを絶っていた期間のことを「対人関係の絶食期間」と呼んでいる。この時は他人なんてどうでもいい、一人でも楽しいことはある。そんな風に思っていた。しかし、そんな生活は案外早く退屈になった。飽き性の私が代わり映えのない毎日をずっと楽しいと思うことに無理があったのだ。だから他人との関わりをＳＮＳで楽しむ様になった。外での人間関係から逃げて布団の中で過ごしていたのに、わざわざ自分から布団の中に人間関係をもち込んでしまった。悩みは増えた。だが布団の中が前よりも楽しくなったのも事実だった。結局、楽しみの中には自分と他人が必要だったのだ。ここまでで、私は、中学二年生になっている。

「あおぞら」には一年生の頃から在籍していたが行事にしか参加していなかったため、通い始めたのは三年生からだと言えるだろう。以前と比べてしっかりと通うようになったのは受験生ということ以外にSNSの人間関係に満足できなくなったことにある。他人との関わりをもつために通った。勉強から離れた分、知らないことを知れる勉強が楽しく思え、高校に行きたいと思うようになった。

高校に入学し、友達ができても、やはり人間関係に悩むことはなくならなかった。うまく解決できないまま、繰り返し問題が起こる中で私が見つけた答えは「状況を楽しむこと」と「割り切ること」と「発想の転換」だった。これはたくさんの人と関われたおかげで見つけることができた。「状況を楽しむこと」で勉強や人間関係の嫌なことの中に楽しさを発見でき、前向きに物事を考えられるようになった。また、自分と主張が違っていても「自分はこう思うが貴方にはそんな考えがあるのね」と割り切ることで、お互いに自己主張し合える関係を築けるようになった。そして「発想の転換」によって、自分の短所を長所と捉えることができるようになり、自信をもてるようになった。これらの考え方をするようになってから、あらゆる問題に対して考え過ぎることが少なくなり、前よりも楽に生活することができるようになった。そのため、中学時代を知る人からは驚かれることが多いが、私にとっては嬉しいことだ。

以前までは中学校時代の経験を隠したいと思っていたが、この経験がなかったら今の私は存在していないため、今は自信をもって話すことができる。中学校時代三年間一度も学校に行かなかった私は、今まで高校生活三年半一度も欠席することなく通っている。私は〇〇高校だったが、〇〇に限らず、どんな場所も自分の考え方次第で楽しい場所に変えることができる。他人の目標と比較することなく、自分の考えに自信をもって、目標を達成してほしい。

恥ずかしながらこの作文を読むまで、Cさんが絶食せねばならぬほど、人間関係に悩んでいたと理解していませんでした。行事に参加したときは、本当に楽しそうで、周囲の子にも明るく声をかけ、笑顔が輝いていたからです。

今、考えてみると、行事のときのCさんは、楽しんでいたことも確かだと思うのですが、同時に人間関係に対する不安も抱えていたのだろうと思います。そして、一日が終わると疲れ切ってしまい、安全な布団の生活に戻っていったのかもしれません。また、行事という「やりたいこと」があれば、頑張れるけれど、学習という「やらねばならないこと」に取り組むには、まだエネルギーが足りなかったのかもしれません。目に見える楽しそうな様子に気を取られて、そんなことにまったく気がつきませんでした。

ここ数年、行事にだけ参加する不登校の子どもが増えているという話をよく耳にします。当時の私と同じように次の日からの登校を期待するけれど、まったく来ない。なぜなんだろう？　という嘆きも耳にします。本人がそこまで自覚できているかはわかりませんが、Cさんと同じような思いを抱えているかもしれませんね。

人に傷ついても、人によって救われる

Cさんの変化は作文に書かれているとおり、三年生から始まります。「SNSの

人間関係でトラブっている。どうしよう」と話しだしたのです。Cさんが自身の困りごとを話したのはこれが初めてでした。前述したBさんもそうでしたが、「困っている」と助けを求められたことが、変化のスタートになりました。

SNSを通じて、他者と関わりをもつ不登校の子どもは多くいます。何らかの形で他者とつながることを求め、関わり方を探っているのだと感じます。当時「あおぞら」には、SNSのトラブルで悩んでいる子が複数いました。

それぞれと相談を続けていたのですが、みんなで悩みを共有することにしました。いわゆるピアサポート（仲間同士の助け合い）です。自分の体験や悩みを伝え、どう解決して、どのようにSNSと付き合っていくかを話し合いました。

「相手に思いを伝えてみる」「少し距離をおく」等、その子

なりの結論がでます。Cさんは「少しの間、離れてみる」と言っていました。

その後、Cさんはそのメンバーとよく話をするようになりました。教室外でのメールのやりとりもあるようで、SNSでの人間関係よりも、「あおぞら」での人間関係に比重が移ってきた様子です。作文に「SNSの人間関係に満足できなくなった」とありますが、この時期のことだろうと想像します。次第にCさんは休むことが少なくなりました。

つらさを伝え、助けを求めることは、人間関係において非常に重要な要素だということがわかります。そして、互いの思いを受け止め合って、支え合うことで、Cさんに仲間ができたのです。この後、Cさんは口癖のように「どうしましょう」と言うようになります。学習のこと、受験のこと、友達のことなど。「どうしましょう」という言葉には、「一緒に考えてね」というニュアンスがありますよね。

Cさんが不登校になったのは、人間関係への不信や不安からでしたが、Cさんが立ち上がるきっかけになったのも、やはり人間関係だったのだと考えられます。人に傷ついても、人によって救われるのです。何とも勇気づけられます。

「大事なのは自分で決めること」

Cさんは志望校を決め、熱心に学習し始めました。あれほど拒否していた学習に取り組めるようになったのは、人との関係性が支えとなって、今の自分を認めて、逃げずに現実と向き合えるようになったからではないでしょうか。

Cさんが中学校の卒業時に後輩に向けて書いた作文を読んで、そのように感じました。

私は中一の時から学校に行かなくなり、九月から「あおぞら」に通い始めました。「あおぞら」の人はみんな優しくてすごく安心したのを覚えています。三年間「あおぞら」に来ていて思ったことは、学校に行けていないということで卑屈になったり、周りに気を遣ったりする必要がないということです。学校に行けないから同年代の人より劣るとか、行っているから偉いとかじゃないですよね。現実を受け止めて、その後どうするかが大事だと思うんです。『あおぞら』に来てる私えらいじゃん」とか思っても別に問題はないんです（笑）。だからもう「あおぞら」を思い切り楽しむのが一番だと私は思ってます。

学校だけじゃ学べないことってけっこう多いんですよねー。自分と向き合う時間があるから自分を知ることができるし、学校と違って、学年もばらばらだから年が違う人との付き合い方を自分なりに学べるしね、うん。

私の中では中学校生活＝「あおぞら」なんですけど、まぁ今は学校に行かなかったことを後悔することはほとんどないです。今までの事じゃなく、これからの事を考えればいいんですよ。それにですね、周りが自分を認めてくれなかったり、頑張ってないと言われたりしてもね、自分が自信をもって頑張ったと思えればそれだけで充分だと思いませんか(笑)。ほんと自分次第なんですよね。「あおぞら」に通えてることや貴重な体験ができている事とかを生かすも生かさないも自分次第。そこで大事なのは自分で決めることだと私は思うんですよね。その選択がどんな結果になっても誰にも責任はない。そこがこの「あおぞら」の特徴じゃないかなって私はずっと思ってます。

まだまだ「あおぞら」に来たいし、みんなと話したいけど、まぁ無理ですね。とりあえず仲良くしてくれた人、楽しかったです。ありがとう。本当にお世話になりました。

これもまた、すごい作文です。不登校の子どもたちが元気を取り戻して、歩き出していくために大切なツボがビシバシ書いてあります。

不登校の子どもが歩き出していくための三つのツボ

Bさんとこさんには、共通している成長のツボが三つあります。

一つは、人との関わり。人間関係の悩みを解決に導いたのは、人と関わることだったということです。

二つめは、自分で決めることが大切だということ。どんな状況であろうと「自分次第」で変えていくことができると考えていることです。他者と比較して自分を考えるのではなく、自分自身を信じて決めることが大切だとも書いています。

そして、三つめは夢があること。二人とも将来の夢があり、それがつらいときを支えたということです。Bさんにはイラスト関係の仕事、Cさんには保育士になりたいという夢がありました。
この三つのツボについて、私の経験をもとに少し説明してみます。

人と関わること

人間関係の問題を解決するためには、人と関わることが必要です。頭の中で考えていても、人間関係の問題は解決しないのです。それどころか、頭の中だけで考えていると人間関係はどんどん怖く、難しいものになっていくようです。

その日一日の人との関わりをシミュレーションして、受け答えの問答集を考えている子もいます。

学校に着いたら、とにかく目立たないように自分の席に座って、仲の良い子に話しかけられたら「おはよう」と言う。そこからの会話は……とかなり綿密にシミュレーションをします。しかし、描いたシミュレーションはすぐに崩れ、かえって慌ててしまうこともあるようです。ですが、シミュレーションどおりにいかないとわかっていても、不安でやらずにはいられないのです。

そして、帰り道では「ひとり反省会」をします。「なんであんなことを言ってしまったんだろう」「調子にのって言いすぎたんじゃないか」「あのときのあの言葉、相手は嫌な思いをしなかっただろうか」。不安や心配が次々と浮かび、あり得ない事態の心配もしています。これでは人と接することでどんどん消耗してしまいます。

こういうときは、「頭で想像していることは、実際のことではない」と確認することから始めます。

「想像していたことで、実際に起こったことってあった？」

「そういえば、ないかも」

「だよね」

その後に、次々に思い浮かぶ嫌な思考を止める方法を一緒に考えます。書き出して客観的に眺める。誰かに話す。鏡の前で大きな声で「ストップ」と叫ぶ……。「ストップ」と叫ぶ方法は私も実践していたのですが、叫んだ後にバカバカしい感じがして笑ってしまうのがみそです。「クスッ」とすることで気分が変わります。すぐにまた嫌な思考がめぐってくるのですが、何度も繰り返しているうちにまた同じことを考えていたなと気づけるようになります。

「他者に嫌な思いをさせないように衝突もせずに上手に付き合っていかなければな

らない」という思いこみに苦しめられている子もいます。これは登校をしている子どもたちにも見受けられる傾向です。学校の相談室でも「友達とケンカしてしまったから、もうおしまいだ」「いつも我慢して周りに合わせていたら疲れてしまった」という相談も多く寄せられています。人間関係を円滑にし、周囲から浮き上がらずに過ごしていくということにエネルギーを使って疲れてしまっている子どもは少なくないのではないでしょうか？

友達は百人いなくてもよいのです。相手を大切にしながら、自分自身も大切にする。自分らしくいられる関わりを体験させてあげたいと思います。

本当の意味で「聴く」ということ

そのために周囲の大人ができることは、まずは聴くことです。そして受け入れて理解しようと努め、関わり続けることだと思います。

「聴く」ことはとても難しいことです。不登校支援の初めのころ、早く不登校の理由を知って、解決の手伝いをしようと意気ごんでいました。しかし、返ってくるのは気のない返事ばかりです。焦っては、さらに言葉を重ねるということの繰り返しでした。

私は「聞き出そう」としていたのです。その子どもの状態や自分との関係性を考えもせず、「何かをしてあげたい」という自分の思いを押しつけていたので、相手は警戒してどんどん離れていったのです。「相手のために」と思いながら、「自分のために」やっていたのだと、振り返ると申し訳ない気持ちになります。

「先生たちは不登校の自分にだけ興味がある」と言った子がいました。先生が興味をもって聞こうとしているのは不登校のことだけで、自分自身に興味や関心をもって関わっているわけではないということです。

まずは、一人の人として、その子ども自身に関心をもつこと、そして聞き出すのではなく、相手の言葉を受け止めて、その世界を共有していく感覚が必要だと思います。

大人だから、先生だから、親だから、役に立つことやアドバイスをしなくてはいけないという思いこみも脇に置いておきます。自分の「ワク」に相手を当てはめようとすると素直に聴けず、「いや、そうは言うけれど」と返すことが多くなります。それに気づくと、子どもたちは一気に心を閉ざします。

「あれっ？」と思うようなことがでてきても、すぐに指摘するのではなく、「なんでだろう？」と想像しながら聴いていきます。質問してまた聴く。そうすると、初めに感じた表面上の内容とは違う、その子どもの「ホンネ」が垣間見えてきます。まず、自分の「ワク」を外して、子どもの言ったことに興味をもって受け止めることがスタートです。

自分で決めること

二つめのツボは「自分で決めること」です。

「あおぞら」では、学年末、中学生に「十年後の私」という作文を書いてもらっています。まず、十年後の自分がどんな自分でありたいのかを描き、そこにつながる一年として新学年からどうしたいかを自分で決めてもらいます。

明日や来週のことを尋ねると後ろ向きな言葉が語られることが多いのですが、十年後を考えると明るいイメージが語られます。未来に心をとばしてから、逆算して現在を考える方法はとても有効です。

作文を書く前に、高校受験の制度についても説明をします。不登校でも高校に進学できること、しかし、内申点などでハンデがあるということを具体的に伝えます。不登校支援を始めた当初は、進学のハンデについて伝えることは子どもを追い詰めるのではないかと避けていました。

しかし、「受験制度について早く知っていたら、学校復帰についてきちんと考えて、もう少し頑張れたかもしれない」と言われ、自分で考えて、しっかり選択するためにも、正しい情報提供が必要だと考えるようになりました。

漫然と不登校を続けるのでも、押し出されるように学校に行くのでもなく、自分で決めて、自分で動くことが大切だと実感しています。

不登校の子どもたちの自己の物語は被害者的であることが多いように感じます。「学校のせいで。親のせいで。友達のせいで。先生のせいで……」。被害者のままでは自分の人生を変えていくことはできません。自分で決めて、自分次第で変わっていくことができると思えたことは、大げさかもしれませんが、自分の人生を取り戻したということではないでしょうか。

一人でいられる力

「十年後の私」の作文を書く中で、「学校に戻って志望校に合格したい」と決心を固めた子がいました。人間関係が苦痛で教室が苦手だと話していたのですが、進学の希望を叶えるために、三年生で学校復帰し、一年間通い続けることができました。志望校合格の報告に来てくれたときに、後輩の参考になればと、一年間の思いや工夫を話してくれました。

学校復帰するに当たってはスクールカウンセラーの先生にアドバイスをもらい、一年間の大きな目標と、三～四か月ごとの小さな目標を立てたそうです。一年間の目標は、「〇〇高校に入る」で、小さい目標は、夏休み前までが「一～二時間でも教室で授業を受ける」こと、冬休み前までが「教室で受ける授業を三～四時間に増やす」ということでした。

教室の居心地は悪かったようです。

「授業中はマシだったけど、休み時間がつらかった。いじめられていたわけではないけれど、友達もいなかった」と話しました。

「そうか。休み時間はどうしてたの？」

「次の授業の教科書や小説を読んでいました。周りがあまりに騒がしくて困ったときは、担任の先生に相談したり、これは無視し続ければいい、何も聞こえてない、誰も話していないという自己暗示で乗り切りました」

「それは、すごい。よくあきらめなかったね。つらいときに頑張れたのは、あなたの中のどんな力かしら？」

「このつらさが終わったら○○高校に行くんだという強い思いと、どうしてもプログラミングの勉強をしたいという思い。あと、自分へのご褒美としてゲームを用意しました」

「なるほどなるほど。自分で一番成長したことって何だと思う？」

「人と関わることが前ほど嫌ではなくなったことです。もちろん、今でも一人でいる方が好きだけど。人は自分にどう関わってくるかわからないから嫌だと思っていたけれど、そのときはそのときのことだと思うようになりました」

「すごい！　すごい！　成長した今の自分から見て、『あおぞら』に通っていた時期をどう思ってる？」

「あれはあれで必要だったと思う。個別で勉強をすることで自信がついたし。『あおぞら』でみんなと過ごす休み時間がつらかったけれど、出ているうちにだんだんと慣れてきました。でも、先生たちに誘われたとき、正直『嫌だ。放っておいてほしい』と思っていました。今思えば、人と関わるのは絶対必要だけど、そのときは『それはわかっているけど……』と思っていました」

「そうだったんだね。最後に、後輩へのメッセージを」

「目標が実現できるかどうかはそのときにならないとわからないけれど、努力をしなければ叶わないと思います。あせらなくてもどうにかなるので、そんなに気にせず、ゆっくり頑張ってください」

そうでした。この子とは集団活動に出るか否かを、長い時間をかけて相談しました。参加したくないけれど、嫌だと言いにくい。そんな感じでした。沈黙の時間が続きました。

「最後は自分で決めよう。その決定には何も言わないから」と私。

「今回は嫌です」と言えたときのすっきりした表情を今でも覚えています。

後になって本人が話してくれたのですが、黙っていることで、相手があきらめるのを待っていることが多かったのだそうです。
「嫌だ」と言えることもとても大切だと考えています。人の期待に応えなければいけないと思いこみ、嫌なのに言えないまま我慢を続けている子もいます。嫌と言ったら、相手をがっかりさせ、関係が崩れてしまうのではないかと思っているのです。流されずに自分で決めて、それを相手に伝えられる「ノーと言える力」も育てていきたいと思っています。

また、この子の話は「人と関わる力」と同時に「一人でいられる力」も大切なのだと考えさせてくれる内容です。目標を叶えるために、友達がいなくても教室で頑張り続けることができたのは、この子に「一人でいられる力」があったからです。ただし、教室では一人でしたが、理解して寄り添い、共に考えてくれる保護者や先生、スクールカウンセラーの存在がありました。心は一人ではなかったのです。そういう人たちの支えがあったということは大事なポイントです。

集団に入れずに孤独を感じている場合は手助けが必要ですが、一人の時間を楽しんでいる子もいます。本を読むことが好きで、その時間が充実したものであれば、一人でいてもよいのです。一人でいるのも楽しい。みんなといるのも楽しい。その時々、それぞれによって、そのバランスは変わっていいのではないでしょうか。

「一人でいられる力は大切だ」と話すと、先生や保護者からよく驚かれます。学校の相談室でも、子どもが一人でいることや、友達と積極的に関われないという悩みが多く寄せられます。その子の状況を見極めて考えていく必要がありますが、一人で過ごす豊かな時間を認めてあげることで救われる子も多いのではないでしょうか。

高校では、特に仲のよい友達はいなかったけれど、勉強を通じてたくさんの経験をし、充実した生活を送ったようです。その後、専門学校に通うようになって、仲の良い友達ができたと話してくれました。人間関係の経験がなさすぎて苦労したけれど、中学校や高校のときに、集団に入ることを強要されたら、追い詰められて、つぶれてしまったかもしれないとも話していました。ゆっくり、ゆっくり人間関係を築いていく子もいるんですね。そのスピードも自分で決めて良いのだと教えてもらいました。

夢があること

三つめのツボは「夢があること」です。

Bさんにはイラスト関係の仕事に就くこと、Cさんにも小学生のころから保育園の先生になるという夢がありました。

Cさんが中学二年生のときに書いた作文を見ると、「なりたかった仕事をやっていてほしい」と書かれています。「なりたかった仕事」という過去形の書き方が気になり、具体的な夢の内容を書かなかった理由を尋ねました。

「不登校の自分が夢を語る資格がないと思ったから、具体的に書けなかった」というのがCさんの答えでした。不登校であるという事実はこれほどまでに子どもを追いつめるのだと思いました。

不登校になった時点で「お先真っ暗で自分の人生は終わった」と話す子どもが多くいます。「夢なんてない」と話す子どもも多いのですが、寄り添って聴いていると、心の中にしまいこんでいた夢を語ってくれることがしばしばあります。

紆余曲折を経て大学生になった卒業生が、将来について中学生に話していた言葉を聞いて、感心しました。

「夢は大きすぎたっていい。みんなは挑戦していいんだよ。自分も『不登校のくせに』と言われて、夢なんて語ってはいけないと思っていたけれど、ずっと入りたかった大学に合格して、夢の実現に向けて頑張っています。希望の大学になんて行けるわけがないとバカにしていた人たちに、見てみろと言ってやりたい。ストレートに歩んできたら楽は楽だったと思うけれど、回り道をすることで得たこともたくさんあった。だから、今不登校だからと言って、自分にストップをかける必要なんてない。自分のやりたいようにやればいいし、結果オーライだと思えばいいよ。今、夢がある人も、これから夢をみつけていく人も、自分には夢を語る資格がないなんて思わずに、夢を追い続けてください。負けずに頑張って」

話を聞いている子どもたちの顔が輝いていました。

不登校になって、自分の未来をあきらめている多くの子どもたちに、この言葉が届くといいなと思います。

夢は子どもの心の支えとなり、これからの道を照らしてくれます。大切に育んでいきたいですね。

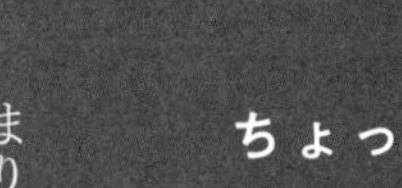

ちょっと一服

不登校になると、親子関係にもさまざまなことが起こります。衝突、不信、和解、新しい関係の作り直し……。本編の中では親子関係についてあまりお伝えできなかったので、ここでは、子どもの親に対する思いを書いていきます。

まずは、私自身が、小学三年生のときにプチ不登校になった際のエピソードです。

盲腸の手術で、一週間入院。その後、数日の自宅療養を経てのことです。最初は「学校に行くの面倒くさいな。再放送の連続ドラマの続きが観たいな」くらいの軽い気持ちでした。「お腹が痛くて、学校に行けない」と祖母に電話をして、欠席の連絡をしてもらいました。そんなことを繰り返すうちに次第に「学校に行けない。学校が怖い」と思い始めました。なんだか外の世界が急によそよそしくなった感じでした。

ある朝「今日も行けない。行けるわけがない」とお腹を抱えて小さくなっていた私に母がランドセルを背負わせます。そして「お腹が痛いよー。休みたいよー。こわいよー」と泣き叫ぶ私を引きずって教室まで連れて行き、席に座らせました。

「途中で帰ってきたら、二度と家に入

れない」

ほかにも何か言っていたかもしれませんが、全く覚えていません。恥ずかしいのと怖いのと、どうしていいかわからず、顔が上げられませんでした。なぜか、あまりこの後の記憶がありません。つらくて記憶を抹消したのでしょうか？　しかし、以後、楽しく学校生活を送っていたので、私の場合は行ってしまえば何ということもなかったのかもしれません。

あまりお勧めできない学校復帰の形ではありますが、母としては心配でならなかったようです。「親の心子知らず、子の心親知らず」でしょうか。

「あおぞら」で「親の会」をやっていると話したところ、子どもの気持ちを親に伝えてほしいと作文を書いた子がいます。

「あなたのその言葉、負担になっていませんか」私は不登校を経験してこう思うことがあります。保護者の方が学校に戻ってほしいと思うのもわかります。ただそれは行けていない本人が一番わかっているんです。わかっているけど、体が拒否するのです。だんだん「学校に行けば？」などのワードがストレスになっていきます。罪悪感が、本人の中には沢山なんです。行かなきゃいけないのに行けないのは罪悪感が

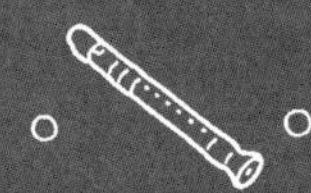

すごいんです。そんな中、担任や親から学校関係の嵐。どこにも居場所がなくなっちゃうんです。経験者だから言わせてください。理解してくれとは言わないから、家までストレスの感じる場所にしないでください。自分でもわかっているのに身体が動かないんです。追い詰めないでください。難しいのは、わかっているつもりです。でもお願いです。学校以外の趣味を一緒に見つけてください。何か他の事を考えるきっかけを一緒に探してください。もしかしたらそれが家から出られる一つの方法、何かが変わるきっかけになるかもしれないんです。私自身が進学しようと決められたのは神輿の影響が大きいと思います。そこではたくさんの人と触れ合い、学校のことを忘れられました。その忘れられた時間こそが不登校を抜け出せたきっかけなんだと思います。ずっと罪悪感の中にいたら、暗い暗い底のない沼にひきずりこまれちゃいます。なにか一つ、そこにいることを忘れて抜け出せる方法をお子さんと一緒に探してください。お子さんが安らげる場所を安心できる場所を家族で作ってください。

最後にもう一言だけ。

「あなたのその言葉、負担になっていませんか」

なるほど、すごく気持ちがわかりま

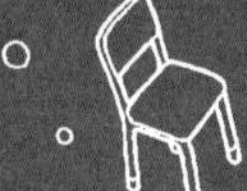

す。でも、これだけだと聞いた保護者が落ちこんでしまいそうです。

「具体的にどうしてほしかったのかも伝えてほしいな」と頼みました。

「自分のことを信じてほしかった。親や先生が大丈夫だと信じてくれるだけで、自分は頑張れると思えるから」

「すごくいいね。それは、自分の親にも伝えてるの？」

「やだ。伝えられるわけがないでしょ」

「なんで？　もったいない。伝えてごらんよ」

　確かに、本人の家での話を聞いていると、けっこう反抗的な態度でした。「信じてほしい」という思いが声にならず、反抗という形で表現されているようです。親子だからこそ、素直になれないこともありますよね。

　この作文の題名は「あなたのその言葉、負担になっていませんか」なのですが、「親が信じてくれるだけで大丈夫」に変えたいな。

　自分に対して自信を失っているときだからこそ、信じてもらうことで、自分を支えて一歩を踏み出す力にしたいのだと感じます。信じてくれている、信じられているという実感は何物にも代えがたい宝物になるようです。反抗している子どもに対して、「信じているよ。大丈夫」と声をかけてみてはいかがでしょうか。

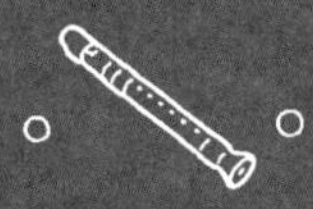

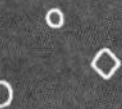
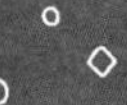
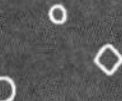
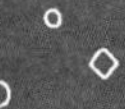
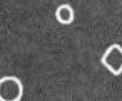

子どもを産んで母となった卒業生が、後輩へのメッセージとして話していた言葉が印象に残っています。不登校だった中学生当時は、とにかく親に反抗していた子です。

「中学校で不登校だったときにはとにかく親が嫌いでした。学校に行けない自分を見ては、ため息ばかり。でも、自分も親になって、子どもが不登校になったらどれほど心配だろうかと考えるようになりました。本当に心配をかけたのだと、今では親に心から申し訳なかったと思っています。そんなふうに言われても、みんなは何を言ってるんだと思うかもしれないね。中学生の頃の自分もそうだったから。でも、きっとみんなの親も、みんなのことをすごく心配して、すごく大切に思っていると思います」

親と子、お互いの思いを理解し合うためには、少し時間がかかるのかもしれませんね。しかし、理解し合える日は必ず訪れます。

第３章

長いトンネルの中で

いじめの経験を話す子どもたちの表情はどこか空虚で、感情が表現されないことも多くあります。「大丈夫」を繰り返しながら、後から後から涙が流れ落ち、なんで涙が出るのかわからないと言う子もいます。いじめというつらい現実で生きるために、何も感じないように自分の心を殺してきたのではないでしょうか。

いじめがどのように行われていたのか、子どもの話を聴きながら想像します。光溢れる学校の教室や廊下で休み時間の楽しげな笑い声が響く中、繰り返される無視や陰口。クラスメイトの嘲笑。遠巻きに目をそらすようにしている友達。何事もなかったように始まる授業。いじめられていることに気づいてくれない先生。家に帰っても、「今日も楽しかった」と無理をして笑顔を作る毎日。家庭と学校の二つがほとんどの世界である子どもにとって、いじめを受けることがどれほどつらいことか、胸が詰まります。

人への不信感をむき出しにしたり、ニコニコと感じよく人との関わりを回避したり、何も語らず殻に閉じこもったり……。共に歩む中で見えてきた子どもたちの苦しみや葛藤、そしてどのような経過を経て回復し、歩み出して行ったのかをお伝えしたいと思います。

D君との戦い

D君は小学校のときからいじめられ、中学一年生で不登校になりました。「あおぞら」に通い始めた当初はとにかくトゲトゲしていて寄る者、触る者にトゲのある言葉をぶつけていました。大人に対しては「はいはい」と生返事をしては、のらりくらりとかわしていきます。「関わってくるな」と態度で示されている感じです。いじめの被害者ということで、どう関わり、どのように傷を癒す手伝いをしていけばよいだろうかと考えていたのですが、コミュニケーションがとれぬまま、次第にD君に対して注意をすることが多くなっていきました。

D君が中学二年生のときに、ひどく大人気ないケンカをしたことがありました。自習時間にふざけたという些細なことが発端でした。真剣に話していることを横から流していくD君に腹が立ったのです。私の強い口調にD君もイライラしてきます。強い言葉の応酬の後に私が放った言葉が

「あんたもイライラしてるんだろうけど、あたしだって十分イライラして怒ってる

んだ。自分だけだと思ったら大間違いだ」でした。

何ともお恥ずかしい次第ですが、私は注意ではなくケンカをしたのです。なぜ正面から向き合おうとしないのか。そんな思いでD君に怒りをぶつけました。D君はポカンとして何と言ったらよいのかわからないような顔をしていました。D君、ごめんなさい。感情的に怒ることへの反省は、自分の戒めにしています。

しばらくして、D君ともう一度対決することになります。D君がほかの子をバカにするようなことを言っていたのです。

「その言い方は相手に対して失礼だよ。人を傷つけるような言い方はやめて」

D君が絞り出すように言いました。

「自分は今までもっとひどいことを言われたり、されたりしてきたんだ。それに比べたら、こんなことは大したことじゃない」

顔がつらそうに歪んでいます。

「今まで大変な思いをしてきたんだと思う。つらかったと思う。ごめん。それを全部理解することはできない。でも、人を傷つけて、そんな関わりを続けて、あんたは幸せなの?」

D君は何も言わずにふいっといなくなりました。D君の初めての激しい感情表現でした。怒りや悲しみ、人に対する不信感、どうしてよいかわからないやるせない思い……。D君の気持ちを思うと、もう少し良い伝え方はなかったのかと反省します。しかし、そのときの私はこれが精一杯でした。一人の人間として、D君に対するしか方法がなかったのです。自分は何ができるか悩み、とにかく真正面から、D君と向き合い続け、寄り添い続けようと決めました。

丁々発止の応酬

この後もD君との戦いは続いていきます。「あおぞら」で大切にしているのは「他の人を傷つけたり、邪魔をしたりしない。みんなが大切にされ、居やすい場所にする」ということなので、これに反していると思ったときはすかさず声をかけました。ほかの場所で、関係を築いて生きていくために必要なことだと考えているからです。

D君に鼻であしらわれたときは、「そんなふうにやり過ごそうとしても、無理だから。納得いく話ができるまではやめないよ」とさらに関わり続けました。我ながらしつこいです。そのうちにD君から反論が繰り広げられるようになりました。

D君が言っていることは納得できることもありましたが、屁理屈だと思うことも多かったのです。納得できないことには譲歩せずに対峙し続けました。

「そうは言うけれど、……」「一般的にはそうかもしれないけど、……」とD君。

「なるほど、でもさ」と私。

あーでもないこーでもないという丁々発止の応酬が続きました。どう言い負かして納得させるか知恵比べです。それを続けるうちになぜだかだんだんと楽しくなってきました。

「今日はどうくる？　おぉ、そうくるか。よしっ」というような感じです。

私とD君のやりとりを見ている生徒から「先生とD君は本当に仲良しだよね」と言われていたことを思い出すと、やはり同じレベルでケンカしていたのでしょうか。しつこく戦いを続け、向き合い続けました。D君から「すみませんでした」という言葉が発せられたときは、少し受け止めてくれたのだとうれしくなりました。

D君との関わりを振り返ってみると、いじめからの回復に向けた支援をほとんどしていないことに気づきます。当時のD君は助けられることを拒否しているように感じました。根底には助けてくれなかった先生や大人への怒りや不信感、そして嫌悪感があったのかもしれません。また、助けるという上から目線の関わりを嫌がったのではないでしょうか。いじめの被害者であるD君としてではなく、D君自身への関わりを本人が求めていたのだと思います。拒否されてもへこたれずに関わって戦っていく。D君を理解したいという思いから、私は私なりの方法でD君を大切にしていました。

D君は対人関係も少しずつ良くなり、ゲームを一緒にする友達もできました。ちょっとやりすぎかなと思うこともありましたが、明るい笑顔です。

ある日、D君が女子生徒にかけた言葉があまりにキツイと感じて「これはいけない」といつものように立ち上がりました。そのとき、その女子生徒が「D君の言い方にちょっと傷ついたけど、D君が本当に言いたかったのは違うことだって、私にはわかっているから大丈夫。D君はいい子だよ」と逆に私をたしなめました。この子にはキツイ言葉の陰に隠れている優しいD君の姿が見えていたのだと思います。子どもに教えられるとはまさにこのことです。

D君には「あおぞら」でふざけ合う友達もできましたし、言葉では表現されない思いを理解してくれる友達もできました。

学校復帰とキャラ変

三年生になって、D君は中学校に復帰しました。学校統合によって学校規模が大きくなり、生徒数が増えたことが大きな要因になったとは思うのですが、いじめの加害者がいる学校に戻ったと聞いたときの驚きは今も忘れません。なぜD君は学校復帰したのでしょうか。D君が高校生のときに、学校復帰を考えている後輩に話した言葉を聞いてわかったような気がしました。

「今、自分が中学校を休んでいるからといって、ほかの生徒より劣っていると思う必要はまったくないと思うよ。別に学校に行っているから偉いわけじゃないし。そして、学校に戻ろうと思っている人は、気楽な気持ちで戻ると良いかな。もしだめだったら、みんなには『あおぞら』という戻ってくる場所があるから大丈夫。安心して、遊びにでも行くような気持ちで登校するといいよ」

D君には、「あおぞら」という居場所ができたのです。安心できる居場所ができたことで、立ち向かってみようという気持ちが生まれたのではないでしょうか。

学校復帰から六か月後、「戻ってきましたわ。またよろしく」という言葉とともに、D君は再び「あおぞら」に通い始めました。

「あおぞら」復帰後は、対人関係に大きな変化が見られました。本人曰く「キャラ変した」のです。他者を傷つけるような言動は影をひそめました。集団に入りにくい生徒には積極的に声をかけ、仲間に入れるよう働きかけます。おどけて面白いことを言って周囲を和ませようとし、シーンとしていると「一人にしないでくれー」と言ってみんなを笑わせもしました。

また、行事の実行委員も積極的に務めました。自分たちが楽しむだけでなく、まだ慣れていない後輩たちが楽しかったと思えるようなものにしようと提案してくれて、D君のキャラ変の確かさに驚いたものです。

D君のキャラ変を支えたものは何だったのでしょうか？　D君が高校三年生のときに書いた作文にヒントがあります。

高校三年生で語られる「俺の経験」

高校三年生になり、将来の方向性について話すD君を見て、そろそろ過去の体験を振り返って消化する時期に来ているのではないかと思いました。

以前、話すことはイコール放すことだと聞いて納得したことがあります。話すことによって、心の奥にしまっていた思いを手放すということです。書くこともまた同じであると考えます。

そこでD君に「後輩に向けて自分の体験を書いてほしい」と頼みました。少し長いですが、ぜひ読んでください。

中学校入学当時、俺はあるアニメにはまっていてその影響で美少女との恋愛やさわやかな青春に憧れ、入学を機にそれを実現しようと思っていた。でも俺の顔はそんなにかっこよくないことと性格が暗いところを失念していた。この思い上がりが俺の過去の汚点ベスト5に入るレベルであるのは言うまでもない。

俺は小学校の頃からいじめられがちだった。中学に入ればいじめはなくなると思っていた。まあいじめられた訳だが。いじめはより酷くなった、いじめっ子の数が増えた。担任の先生に相談したものの何も起こらなかった。この頃から俺は先生が嫌いになった。先生はいじめを止められないくせにやたら話しかけてきて嫌だった。偉そうなことを言っても暴力の前では言葉は無意味だと感じた。それは俺の言葉がいじめっ子に通じなかったからか、それとも先生の言葉がいじめっ子を止められなかったからか。

学校に行くのをやめた。きっかけは本当にしょうもないことだ。蓄積したストレスを爆発させる引き金はとても軽いものだなぁと思う。自分の学ランをズタズタに切り刻んだりもした。それが、自分が嫌いな学校に行くことを強制している鎖のように思えたからだ。

今思えば学ランがなければ学校に行けないと思ったのと、ストレス解消だったのがよくわかる。それ以降俺の親は俺に学校に行けとは一言も言わなかった。親に恵まれた俺が一番親に感謝したことだったと思う。

「あおぞら」に通い始めてもカウンセリングを受けに学校に行かせられた。俺は学校に行く日はいつもビクビクしていた。いじめっ子に会ったらどうしようと思いながら、まるでスパイか何かのように隠れてカウンセリングを受ける部屋に行った。もっともカウンセリングに意味を見いだせなくなって行くのをやめたのだが。カウンセラーの人を言い負かせなかった当時の自分に腹が立つ。今の俺なら廃業に追い込むことさえできるのでは?と思う(自信過剰)。

色々すっ飛ばして三年になった。そういや今も三年だ。俺は一回学校に戻った。

というのも学校が合併して新しくなったからだ。あとは親に進路がどーのと言われて仕方なくだ。後に親はいつ「あおぞら」に行くのか待っていたらしいのでやっちまったなと思った。

学校に戻ると人が一気に増えていた。いじめも自然と消滅した。しかし居心地はよくなかった。何というか空気が合わなかったのだ。特に自分のクラスはなんだか気持ち悪かった。自分が浮いているのが実感できた。俺は休み時間はほかのクラスの友人と、授業中は夢の中の住人と過ごした。先生が腫れ物を扱うように接してきたのでそれにづけ込んでいた。

正直どうでもよかったのだ。夏休みを挟んで再び学校に行くとその騒がしさに気付いた。

「あおぞら」に戻ったきっかけはその騒がしさだった。もしかしたら学校から離れるために学校のあら探しをしていたのかもしれない。未だに人の良いところより悪いところを探すのが得意なのはこの名残なのかもしれない。

俺は今は楽しく学校生活を送ってるが、決して静かなわけじゃない。どっちも騒がしいのは同じだけど、今は俺は周りに混ざっている。騒がしいと感じるのは相手とのギャップなのだ。騒いでる人は騒がしいとは思わない訳だから、騒いでる人とそうでない人との間のギャップなわけだ。それを踏まえて言いたいことは、教師は第三者の目線で見ないで当事者の考えを想像することを、生徒は相手の目線に立ってみることを心がけてほしい。

いじめが起きた場面ではぱっと見でわかる善悪があるので、それで満足してしまうが、いじめられる側にもたいてい非があるものだ。それは理不尽なことかもしれないが確かにいじめられるだけ理由ある。いじめられる人も第三者もそこをしっかり見極めなくてはいけないと思う。何かが起こったらそこには何かがある訳だがいじめられる側には考える余裕がないと思うので、余裕のある教師がそこを補ってあげるべきなんだと思う。

今は当時の自分は余裕がなかったんだと思う。もし同じような状態の人がいたら、周りの人はその人にない余裕を補完してあげることができると良いと思う。俺はきっとそうしてほしかったんだと思う。

作文を通じて知るD君の真意

「こんなんでいいのかな?」と言われて、初めて読んだときの驚きは今も覚えています。すごいものに出会ったという感覚です。いじめという体験を俯瞰して振り返ったD君の観察力と大人に対する鋭い視線に驚きました。

作文を読んでいて一番気になったのが、「いじめられる側にもたいてい非があるものだ」という言葉です。いじめられた当事者であるD君から発せられたその言葉をどう受け止めてよいのか、悩んだのです。

「ごめん。どういうことなのか、もう少し説明してくれる?」

「いじめられる理由は外見、趣味、雰囲気、運動能力、ケンカの強さとか。いじめ子が気に入らないと思ったこととか理不尽なことが多いと思う」

「これは非ではないよね」

「自分は、昔は相手に対して　暗く斜に構えたような言い方しかできなかった。相手は嫌な思いをしていたかもしれないけど、いじめられていた当時はそんなことに全く気づいていなかった。それが自分の非かな」

「なるほど。非というか、その子自身の課題ということかな」

つまり、自分の態度や物言いが相手に不快な思いを与えていた可能性があったということです。誰にでも気づかない欠点やくせはあります。しかし、嫌な思いをさせたとしても、いじめが許されないことは言を俟ちません。

D君が自分の課題に気づいたのは、学校復帰のたまものでもあったと私は考えています。復帰した居心地の悪い教室で周囲の人間関係を観察し、自分を振り返り、解決策を考えたのではないでしょうか。そして、その中で自分はどうありたいのか、どうすればそれが叶うのか、自分を見つめ直したのではないかと想像します。

その大変な作業を支えたのは、「あおぞら」で、自分が他者に受け入れられ、大切にされたという感覚だったのではないかと考えます。自分には戻れる居場所があるという安心感もあったでしょうか。

そして、そうした場を自分自身で育んでいこうという覚悟がD君の「キャラ変」

の原動力になったのではないかと思っています。前述したBさんもそうでしたが、他者との信頼関係によって居場所を得たと実感した子たちは、自分でそうした環境を作っていこうと動き出します。

作文を読んで、もう一つ感じたのが、大人を見る視線の鋭さです。「先生はいじめを止められないくせにやたら話しかけてきて嫌だった」「先生が腫れ物を扱うように接してきたのでそれにつけ込んでいた」とあります。

スクールカウンセラーとの関わりについても触れられています。D君がスクールカウンセラーに腹を立てたのは「君の気持ちはよくわかるよ」という言葉でした。「いったい自分の何がわかるというのか、何もわかっていないくせに」と話していました。

大人にとっては、いじめられている生徒、そして不登校から復帰した生徒への気遣いなのでしょうが、気遣いという距離の取り方は、D君をさらに助けを求められない状態に追い込んだようにも感じます。

わからないからこそ理解しようと寄り添い、関わり続けることが必要なのだと改めて思いました。

教室が騒がしくて居心地が悪い

復帰後に再度学校に行かなくなった理由をD君は「教室の騒がしさ」だと書いています。「騒がしいと感じるのは相手とのギャップなのだ。騒いでる人は騒がしいとは思わない訳だから、騒いでる人とそうでない人との間のギャップなわけだ」とも書いていています。なるほど。その場に入りこんでいたら、騒がしくは感じないのです。その場に身を置いてはいるけれど、思いや言葉を共有できてはいないから騒がしいと感じるのです。居場所がなかったとも言えます。

「教室が騒がしくて居心地が悪い」という言葉は登校している子どもたちからも聞かれます。騒がしい声や音が気にかかっているだけなのか、言外に居場所がないのだと伝えているのか、話を聴いて、見極めていく必要がありそうです。

若手の先生たちの研修でD君の作文を紹介すると、作文を聞いているうちに先生たちの表情が変化してきます。苦しげな表情の先生、泣きそうな顔の先生。どの先生も真剣に向き合おうとしていることが伝わってきます。いじめを第三者の目線ではなく、自分事として捉えて深く思考しているように感じます。

D君が高校三年生のときに語った将来の夢は、学校の先生か、不登校の子どもたちの支援に当たることです。自分が先生にしてほしかったことを生徒にしていきたいと話していました。いじめというつらい体験を自らの力で乗り越え、その経験を糧に道を切り拓いていこうとする心意気に精一杯のエールを送りました。

大学生になったD君は、「あおぞら」で、後輩たちの相談にのり、ワークショップを企画してくれました。相手の立場に立って話を聴き、気持ちを汲み取っていく力はとても素晴らしいものです。関わりの中で私が大切にしてほしいと思っていることも、しっかり理解してくれています。戦いの中で山ほど交わした言葉は、互いの中に息づいているのだと心からうれしく思いました。

優しく気遣いのできるE君の「十年後の私」

Ｅ君は中学校二年生のときに「あおぞら」に通い始めました。体調不良から登校が難しくなったそうです。初めのうちは、体調のコントロールが難しい様子で、「あおぞら」も欠席することが多くありました。

Ｅ君は優しく気遣いができ、いつも笑顔を絶やしません。柔らかい雰囲気で周囲に安心感を与えます。何か頼んだときも、いつも気持ちの良い「はい」。とても素直な子です。

運動も得意です。スポーツの時間に大活躍するのですが、ほめられると、「自分なんて全然ダメ」「もっとうまい人がいるから」と居心地が悪そうに否定していました。また、休み時間の遊びの後に、ほかの子に嫌な思いをさせたのではないかと心配をすることも多くありました。

「Ｅ君は本当に楽しくて笑っているのだろうか？」と次第に気にかかるようになりました。

そのころ、E君が書いた「十年後の私」という作文です。

十年後の私は、普通に一人ぐらしが出来ていると思います。人と接してちゃんとしゃべれるようになったり、いっぱい勉強して、いい高校、大学に入って安定した生活をしたいです。

今いろんな人に支えてもらいながら生きているけど、結局人生とはどんなにつらい事があっても、自分で処理していかないと人生とは言わない気がする。

十年後の自分はどうなってるか少し楽しみ。

いつもニコニコしているE君の「結局人生とはどんなにつらい事があっても、自分で処理していかないと人生とは言わない気がする」という言葉に、知らなかった一面を見た思いでした。そして十年後の自分を「少し楽しみ」と書いたことにホッとしました。

E君が心に抱えているものは何だろうかと考えました。体調面だけではない何らかの要因があると思うのですが、なかなか見えてきません。「何か困っていることはない？」と尋ねても、「大丈夫です」「普通です」という返事ばかりです。

さらに問いかける場合もあるのですが、E君の場合は、今ではないと思い直しました。無理に聞き出すのではなく、E君が話しやすいタイミングを待つことにして、「困っていることや話したいことがあったら、いつでも声をかけてね」と言うにとどめました。

不登校の理由が本当の意味で「わかる」ということ

「待つ」と簡単に書きましたが、「待つ」こともまた力を使います。不登校支援を始めたばかりのころ、「待つ」ことがとても難しかった覚えがあります。解決のために不登校の理由を知って、早く役に立ちたい、そして、早く何かせねばならぬと考えていました。何もできない自分が不安でなりませんでした。

「不登校になった理由を教えてもらえない。なぜだろうか」という言葉を保護者や先生からよく聞きます。本人に尋ねても「よくわからない」という答えに出会うこともしばしばです。初めのうちは話したくないから「わからない」と言うのだろうと思っていたのですが、その返答は本心なのだと次第に思うようになりました。中学校を卒業して数年経ってから、不登校の理由がやっとわかったと連絡してくる卒業生もいます。複合的な理由が重なっていて、自分でも明確に理解することが難しいようです。

わからないときに無理に聞き出そうとすると、子どもたちは大人が納得しやすい理由を作ってくれます。それを聞いて、周囲が解決のために動くのですが、何の改善も見られないという事態が起こります。それだけならともかく、周囲がその理由をことさら強調して関わっていくと、それほど重要でなかった問題がクローズアップされ、本人をその問題の中に閉じこめてしまうこともあるようです。

だから、心の中が整理されるのを見守りながら待つのです。そして、話しても良いと思われるような信頼関係を築き上げられるように寄り添っていきます。

カッコ良く言えば、積極的に待つイメージです。もちろん、緊急性のある事案はすぐさま聞き取り、早急に対処しなければなりません。しかし、何年もの間、心の中に抱えてきた思いをむりやり語らせることはできません。待てないのは自分の気持ちであり、相手のためではないと自戒しています。

E君が語らずにいた不登校の理由

E君の体調以外の不登校の理由がわかるのは、「あおぞら」に通い始めてから半年以上経ったころです。三年生となった翌年度もE君は「あおぞら」に通いました。話ができる友人もでき、休み時間には笑い声がよく聞こえてきました。体調も前年より安定しているようで、休むことが少なくなっています。

個別授業の初めに、一週間の様子や楽しかったことなどを聞くのですが、E君は、生き物の話をよくしてくれました。そのときは本当にうれしそう。表情が輝いています。

そろそろE君に心のうちを聞いてもよいのではないかと思い、夏休み前に学校に対する思いを尋ねてみました。

「登校することは絶対に無理です」

「しばらく登校していないからかな？　ほかにもなにか理由があったりする？」

「小学校のときに自分をいじめていた子がいるから……」

ああ、そうだったのかと、納得がいきました。中学校では、いじめられることはなかったそうです。しかし、大きな声や物音がすると、小学校でのいじめを思い出して、「またいじめられるのではないか」と不安になり、居たたまれなかったのだと話してくれました。話してくれたことに対して、「ありがとう」と伝え、「小学校でいじめられたことは、誰かに相談したのかな？」と聞きました。「何があっても、友達に手を出すのはいけないことだと教えられてきた。だから、ぶたれてもやりかえさずに我慢してきた。我慢して自分が正しいことをして頑張っていれば、先生や友達が気づいて、いつか助けてくれると思っていた。でも、誰も助けてくれなかった」

絞り出すように話してくれました。E君が初めて表現した怒りでした。「先生が気づいて助けてくれる」「友達が助けてくれる」「友達が大人に助けを求めてくれる」、そう願いながら過ごした毎日だったそうです。

正しくあろうとする努力が報われず、助けてもらえない毎日をどんな気持ちで送ってきたのかを想像すると胸が痛みました。E君の「大丈夫」という言葉や大人に対する素直さ、そしてニコニコとした笑顔は、自分を守るためであり、他者を踏み込ませない拒絶、そして他者へのあきらめでもあったのだと理解しました。

「語られなかったいじめ」であり、「語ることのできなかったいじめ」です。声をあげられないE君の代わりに体が悲鳴をあげたのかもしれません。

つらい思いを話さずに抱えていると、症状や行動として表現されることがあるように感じます。器質的な問題がないにもかかわらず、「頭が痛い」「お腹が痛い」「気持ち悪い」などの症状が続くときには、心の発しているサインかもしれません。その子どもをよく見て、丁寧に関わっていく必要があります。

E君が話し終えた後、抱えていた思いに気づけなかったことを謝り、現在はその状態が続いていないこと、「あおぞら」は安全な場所であることを確認して、傷を癒して先に進むための方法を一緒に考えようと約束しました。

あきらめから希望へ

小学校では安心して学習できる状態ではなかったようで、E君は学習の遅れをとても気にしていました。「勉強は苦手だな」と言いながらも、一生懸命課題に取り組みます。わかったときには、「やった！」と言って、とてもうれしそうです。個別授業の中で少しずつ積み重ねていくことが効果的でした。

一方、相談では、言葉にならないことが多くありました。気持ちの中にあることをどのように言葉で表現してよいかわからない様子です。そんなときは、私が、「こんな感じかな?」「それとも、あんな感じかな?」と具体例を出し、言語化する手助けをします。

「あぁ、それだ。そうそう、先生。そんな感じ」

しっくり当てはまったときには、「あー、すっきり!」と言いながら、二人でハイタッチして喜びました。

その中で、E君が最も悩んだのは、自分の将来についてです。三年生でもあり、中学校卒業後、そしてその後の人生をどうしていきたいかを共に考えましたが、将来像を描くことが難しい状態でした。いじめられる前にはあった将来の夢も、できるわけはないとあきらめてしまったようです。

「自分なんて」という言葉がたびたび繰り返されました。継続するいじめがE君の自信を奪い、無力であるという思いを植えつけていったように感じました。できることが増えても、認められる経験を積み重ねても、E君の中にあった自信や希望を取り戻すことが難しい状態が続きました。

体験活動や集団活動の中でも、E君に中心的な役割を果たしてもらおうと相談するのですが、「無理です」「自分なんかにできるわけがない」という言葉が繰り返されました。

私は次第に焦ってきました。「待つ」ことは大切だと書きながら何だと思われるかもしれませんが、E君には高校受験と中学校卒業が目の前に迫っていました。「あおぞら」での支援も中学校卒業とともに終了となります。「あおぞら」で子どもたちと関わっていて焦るのはこんなときです。待っていれば、子どもの中から何かが生まれてくると信じていても、受験と卒業は待ってはくれません。中学校を卒業してから、「自分の力で生きていける」という思いをもって巣立てるように、時間と戦うように関わっていきます。

いじめにあう前のE君の夢は、生き物に関わる仕事に就くことでした。不登校になったE君を救ってくれたのも、家で育てていた生き物です。手放した夢を取り戻してほしいと願い、頼ったのは役所で環境保全に取り組んでいるE君のちょっと年上のお兄さんといった方でした。E君のために「地域の生き物ワークショップ」をお願いしようと考えたのです。虫が苦手な子も多く、あまりたくさんの参加が見込めなかったのですが、事情を話すと、参加者はE君一人でもやろうと快く引き受けてくださいました。

ワークショップの中でE君は目を輝かせて画像を見つめ、食い入るように話に聞き入りました。人前で目立つことを極度に嫌がっていたE君が、挙手して質問もしました。心のこもったお礼の言葉をしっかりと伝えることができ、自分の知っている生き物の知識をほかの子どもに一生懸命に伝えてもいました。

講師の方から「将来一緒に働けたらいいね」と声をかけられ、目がキラキラ輝いていました。今考えると、奇跡のような五十分間でした。

その子どものことをあまり知らない第三者の関わりが、一気に子どもの可能性を引き出してくれることがあります。以前も、ボランティアのお年寄りに「おじさんは一生懸命教えているけれど、返事をしないと理解できているかわからない。返事をしなさい」と言われて、ほとんど声を発したことのなかった子が、大きな声で返事をしたことがありました。その後、その子は普通に話すようになりました。

愛情をもって叱られることは大切だと実感すると同時に、気づかぬうちに自分が「これくらいできればいい」と、子どもに「ワク」づけをしていたことに気づいた経験でした。

生き物に対する愛情と自分の仕事のやりがいをストレートに伝える大人に出会え

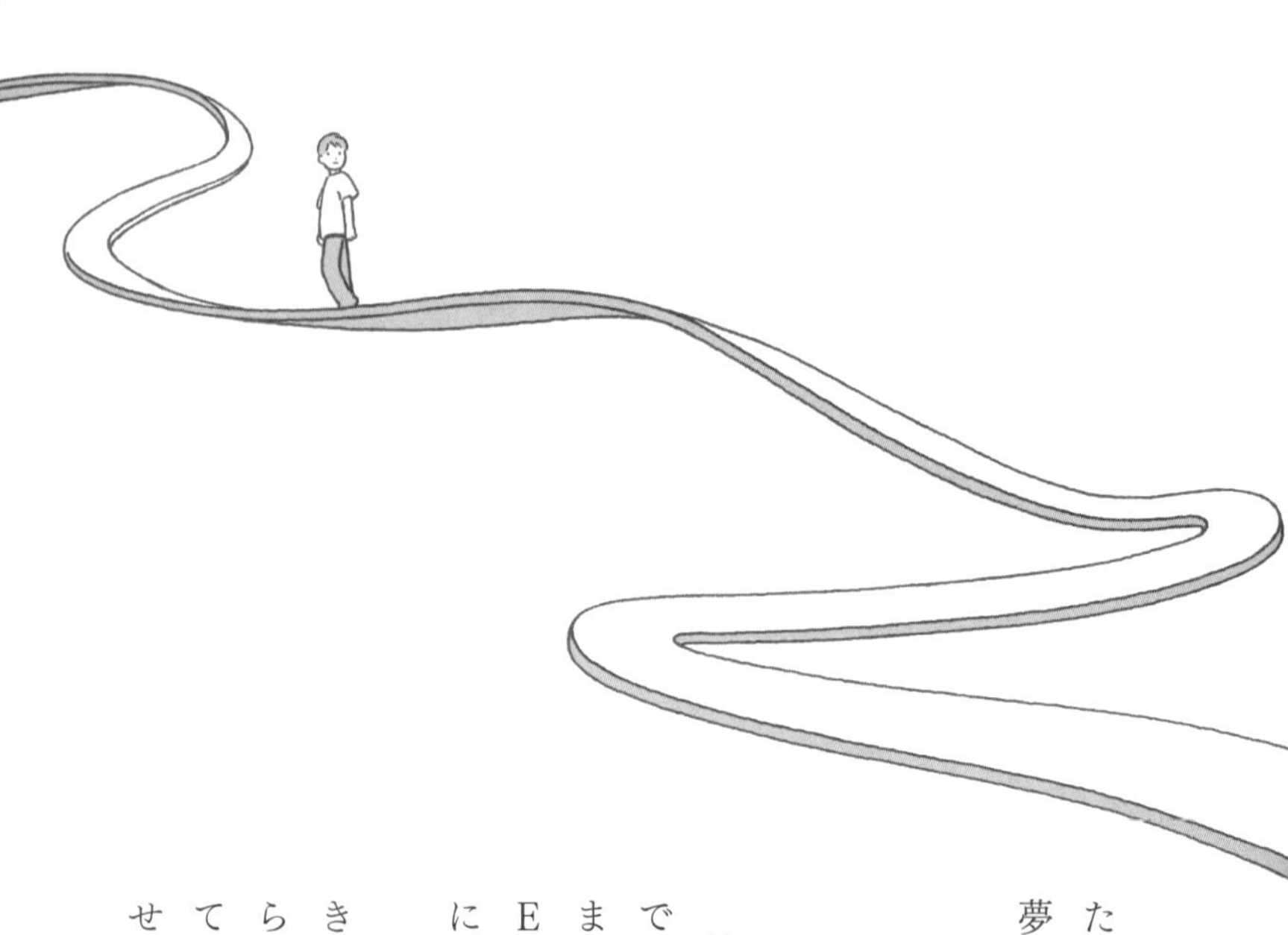

たことで、E君は生き物に対する情熱や自分の夢を取り戻すことができました。

「ここまで来たんだな」

前に向けて歩き出したE君は、近寄ることもできなかった中学校に行き、担任の先生にそれまでの自分の経験や思いを伝えました。それが、E君が決めた新たなる一歩への儀式だったように思います。

E君の高校にかける思いは強くふくらんでいきます。E君は学校や先生、そして大人をあきらめていたのではないでしょうか。「どうせ見てもくれない」「どうせ助けてくれない」「どうせ、どうせ、どうせ……」。それは前述したD

君も同じだったかもしれません。高校で今までできなかったことを頑張りたいという希望を抱いたことは、学校や他者、そして何より自分への希望を取り戻したということだと感じます。

受験のために、大の苦手だと言っていた作文にも一生懸命取り組みました。苦労をしながら、一つ一つ自分の思いを言葉にしていきます。高校に提出する書類にも「中学生のときに不登校になり、やり残した勉強を基礎から学び直し、学校生活を取り戻したい」と書き、「くじけそうになっても、つらかった経験をバネに乗り越えられる自信があります」と綴っています。

E君の中で、夢や希望がどんどんふくらんでいきました。

「学校生活の目標をもうちょっと具体的に書けたらいいな」と私。

「うーん、わかった。先生、部活で優勝して、校舎に垂れ幕をかけてもらうっていうのはどうかな?」

「それは、すごいね」

「うん。いいよね。実現できたらいいな」

自信がなく、何を言われてもニコニコしていた以前のE君の面影は、まったく見られなくなりました。

E君が言った忘れられない言葉があります。入学試験が終わったという報告の電話で、自分のもっている力は出し尽くしたと興奮気味に話した後に言った一言です。

「ここまで来たんだな……」

歩んできた長い道のりを振り返っての一言だと気づいたときに、涙が出ました。つらい経験に耐えて、それを克服するために自分の足で一歩一歩進んできた道です。

この言葉を聞いて、E君を苦しめていた「いじめ」がこれでやっと終わるのではないかと感じました。やれるだけのことはやったから、落ちても後悔はないと話していましたが、努力が報われ、志望校に合格しました。

いじめの「解決」とは何か?

いじめの「解決」とは何だろうかと考えます。D君やE君のいじめは、二人がその場からいなくなったために継続しませんでしたが、いじめ自体が解決した訳ではありません。そして、いじめられたという経験は、長く二人を苦しめ続けました。

ここでの二人の変化と成長を考えたときに、二人の心の中では、ある意味で納得のいく決着をみたのではないかと感じます。受けた痛みや傷がなくなるわけではありませんが、別の経験によってそれが癒され、補われていくのです。どんな経験かは、D君とE君が書いた作文にヒントがあります。

D君

僕は中学一年の時にいじめを体験しました。それが原因でもともと人と話すのが苦手なのがより苦手になりました。しかし僕はそれを人と接することといじめてきた相手の気持ちを考えることで乗り越えました。それによって僕はいじめられる前よりも成長したと思います。僕は、いじめを経験しそれを乗り越えた事で、同じような経験をした人の気持ちを人一倍理解し、乗り越えるためのアドバイスができます。これが僕の一番の長所です。

僕はいじめから立ち直る過程で自分なりのこだわりをもって物事を考えることが出来るようになりました。ただこだわるだけでは頑固になってしまうだけなので、僕は人の意見に耳を傾けることを心がけています。人の意見を聞き、納得した時は聞き入れ、納得できない時は話し合い、互いに納得のできる答えを出すことが出来ます。これらの長所を貴校での高校生活ひいては今後の人生の様々な場面で活かしたいと考えています。

E君

僕は、病気と人間関係の問題で中一の十月頃から不登校になりました。その時の自分はお先まっ暗だと思っていて、悩み事が多く何もする気力がありませんでした。そこから親が、「あおぞら」を見つけてくれました。最初はどこも同じだと思っていて、むりやり連れて行かれてるうちに、少しずつ通えるようになり、苦手だった、他の生徒に会うことも克服できました。「あおぞら」はとても楽しい場所で、安心できます。特に林先生は、明るく、少し会話をするだけで元気になれます。

挫折しても道はたくさんあるので、負けずに頑張ってください。

安心できる場所があり、他者と関わること。そして、思いを伝え、相手の思いも受け止めながら相互に理解を図るような経験が、いじめの被害にあった心を癒し、自信を回復させていくことがわかります。

また、いじめからの回復支援は、傷を癒すという視点とともに、成長を支え、促進していくという視点が不可欠だと感じます。子どもは自らの力で伸びていく存在です。成長の中で、自分自身で傷をふさぎ、傷を抱えながらも成長していくのではないでしょうか。寄り添いながら、子どもの成長への意思を信頼することが大切だとD君とE君に教えてもらいました。

語られないいじめ

E君によって「語られなかったいじめ」の存在を意識するようになってから、多くの「語られないいじめ」が存在することがわかってきました。寄り添って話を聴くうちに、かなりの時間が経ってからいじめの話にたどり着くという子どももいました。

大きな声や笑い声、つらかった思い出につながる場所やキーワードに接すると自分はこれからいじめられるのだという思いがふくらみ、頭の中でいじめられる様子を想像してしまうという子もいました。今いじめられているわけではないのに、いじめられた記憶が本人をずっといじめの中に押しとどめます。語ることなく心の中に押しこめたはずの思いが、何かの拍子にふたが開いて本人を苦しめるのです。

いじめられていた時期の記憶がすっかりなくなっているという子どももいます。記憶をなくすことで、壊れてしまいそうな心を守ったのでしょうか。いじめられるという経験が子どもの心に与える影響は本当に大きいものだと改めて実感します。

いじめについて自ら相談している子どもはどの程度いるのか疑問に感じ、調べてみました。

「令和二年度児童生徒の問題行動・不登校等生徒指導上の諸課題に関する調査結果について」(文部科学省、令和三年十月)によれば、「いじめの発見のきっかけ」に関する「本人からの訴え」は、小学校で15・6%、中学校で26・4%となっており、決して多い数字ではないことがわかります(数値は、いずれも国立、公立、私立合計のもの)。

どうして子どもはいじめについて大人に話し、助けを求めないのでしょうか?

和久田学先生は『学校を変えるいじめの科学』(日本評論社、2019年)の中で被害者が沈黙する理由として以下のように書いています。

このことについてボンズら(Bonds&Stoker, 2000)らは3つの理由を挙げている。

・いじめ被害を誰かに告げても、「いじめられる側が悪い」「成長の過程で、誰もが経験することだ」と言い返され、助けてもらえなかった経験がある。

・友だちから孤立していたり、親との関係が悪かったりして、助けを求められる状況にない。

・助けを求めることは「格好悪い」ことだと思っている。

私見だが、日本ではこの3つに加えて、「恥ずかしい」とか、「助けを求めたら相手（親、友だち、教師）を困らせると考えて遠慮してしまう」などの理由が付け加えられるだろう。

スクールカウンセラーとして、いじめの相談を受ける中でも、「先生や親には言わないでほしい」という言葉を聞くことがしばしばあります。先生や親に伝わって相手が指導されると、さらにいじめがひどくなるかもしれないと言うのです。いじめ解決に対する子どもの大人への信頼はあまり高くないのでしょうか。大人には見えにくい世界の広がりを感じます。

そんなときは、丁寧に不安を聞き取ります。そして、先生に話すことでどんな心配があるのかを含めて、いじめのことを先生に伝えようと話しています。

また、「いじめられるような子だと思われたくない」「心配をかけたくない」「みじめな気持ちになりたくない」とさまざまな理由が語られます。中には「親も先生も忙しいから……」と話す子どももいました。

さらに文部科学省の調査結果を見ていくと、いじめを「学級担任が発見」は小学校で9・8％、中学校で8・9％。「当該児童生徒（本人）の保護者からの訴え」は小学校で9・7％、中学校で12・8％。ちなみに最も多いのが、「アンケート調査など学校の取組により発見」であり、小学校で59・0％、中学校で38・0％となっています（数値は、いずれも国立、公立、私立合計のもの）。

この結果を見ると、子どもはいじめを話しにくく、大人は関わりの中でいじめを発見しにくいと言えるのではないでしょうか。そうすると、いかに子どもが話しやすい環境を構築するか、そして、子どものSOSをキャッチする感度をいかにして高めるかを考える必要があります。

「ひまそうな大人作戦」

スクールカウンセラーになったばかりのころ、先輩から「とにかくひまそうに校内を歩くと良い」というアドバイスをもらいました。半信半疑ながら、休み時間にぶらぶら歩いてみます。すると、子どもたちによく声をかけられるようになりました。毎回ジャンケン勝負を挑んでくる子もいて、「大人なのにそんなに遊んでいていいの?」と言われもします。続けていると、「相談室に遊びに行っていい？」と聞かれ、遊んでいるうちに自然と相談が始まるということがありました。

また、話しかけてくる訳でもないのですが、いつも視界に入ってくる子どもも見つかります。折を見て誘ってみると、堰を切ったように相談事が語られました。ほかの子どもから、「○○ちゃんの様子がちょっと変だったから、ひまだったら話をきいてあげなよ」と言われて、問題を早期に発見できることもありました。「ひまそうな大人作戦」大成功です。

子どもたちは想像以上に大人をよく見て、忙しさを気遣っていることがわかりました。そして、話しかけてはこないけれど、何らかの方法でSOSを発していることにも気づきました。

「いつでも相談して」と言いながら、忙しさで表情が険しければ声はかけにくいものです。忙しくても、子どもが話しかける隙を作っておくことが大切なようです。

これは自分の失敗から学んだことでもあります。ある子どもの様子に「あれっ、なんとなく感じが違うな。声をかけた方がいいかな?」と思ったのですが、急ぎで仕上げなければいけない書類があり、「明日話そう」と思って帰してしまったのです。

その子は、次の日から「あおぞら」に出て来なくなってしまいました。連絡を取り続け、電話で話すことはできるようになったのですが、何があったのか、何を話したかったのかは最後まで聞けずに終わってしまいました。

何度、「あのとき声をかけておけば」と悔やんだかしれません。優先順位はやはり人間なのだと深く胸に刻みました。書類は待ってくれますが、困っている子どもの「今ここ」は待ったなしです。

同じことを繰り返さぬよう、優先順位の見極めと、アレッと思ったときの瞬発力の必要性を教訓として自分自身の胸に刻んでいます。それが勘違いであったとしても、あなたを見守っていますというメッセージを伝えることができます。

子どものSOSをキャッチするために

困っていてもつらくても、それをおくびにも出さず、かえって明るく振る舞う子どももいます。いじめの被害者となってしまった子どもが、声をかけた大人に対して「これは遊びで、楽しんでいるから心配ない」と話していた例もありました。「大丈夫な振りをすることが上手になりすぎて誰も心配してくれなくなっちゃった」と話す子もいました。

この章で何度も出てくる「大丈夫」という言葉。大丈夫でないときもよく使われているように感じます。

不登校になる前に、先生や大人から「大丈夫？」と聞かれたけれど、困っていることを話さず「大丈夫です」と答えたという話を子どもたちから聞きます。「大丈夫？」と聞かれても自分の大切な思いはなかなか話せないものです。

一例として、「友達関係のことで困っていることがあるんじゃないかと思ってるんだけど、心配しすぎかな？　一緒に考えたいよ。何か困っていることがあるんだったら話してほしいな」という声かけはいかがでしょうか？

ポイントは、その子どもが困っているであろうことや心に触れること、そして無理に聞き出そうとしないことです。「よく見てくれている」「自分のつらい思いに気づいてくれている」、そして「むりやり話させようとしていない」という安心感が生まれると話しやすくなるのだと思います。

以前、「子どものＳＯＳをいかにキャッチするか」というテーマで先生と保護者に共に考えてもらう会を行ったことがあります。家庭での工夫、学校での工夫、さまざまな意見が出されました。

子どものＳＯＳを本当にキャッチできているのか心配だという声も多くありました。どんなことをしていけば、キャッチしやすいかについても話し合っていただき、多く出されたのは、日常での関係を大切にするということでした。表情や態度など小さな変化を逃さないようにすることや、よく話す子が学校や友達関係の話題を避けるような会話の変化がないかを注意して聞くなどの意見が出されました。これまでは仕事をしながら子どもの話を聞いていたけれど、短時間でも向き合って会話する時間を作るという決意も語られました。

月並みですが、常日頃からコミュニケーションをとって子どもを見守っていくことが、変化を見逃さないことにつながっていくのではないでしょうか。

前章では「聴く」ことについて書きましたが、「見る」こともまた難しいことです。「大丈夫?」と聞いたら「うん」と言って笑っていたから安心したというような場合です。

笑うというわかりやすい部分のみに目が向いて、自然な笑いだったのか、ぎこちなさはなかったか、拳を握り締めていなかったかなど細かに見ていないことが多いのではないでしょうか?　実は見ているようで見ていない場合があります。私たちは自分の先入観にとらわれて、見たいものだけ見てしまうようです。

これもまた私が中学校に勤めていたときの失敗談です。二人の男子生徒がじゃれ合って遊んでいると私には見える場面に出会いました。一人は普段大人しく、口数の少ない子です。「あぁ、この子もこんなふうに無邪気にじゃれ合うんだな。良かった」というのがそのときの私の率直な感想でした。

後日、もう一人の男子生徒に「ずっと以前からいじめられていた。どうして助けてくれなかったんだ」と言われました。私の中の「大人しくいじめとは関係のない生徒」という先入観によって、その場面を正しく見取ることができなかったのです。

よく見るためにも、自分の思いこみを捨てて、向き合うことです。「こうであろう」「こうであるべきだ」という思いこみを捨てて、向き合うことです。「目は口ほどにものを言う」ということわざがありますが、目の動き、身振り、手振り、言葉では表現されないさまざまな情報にも気を配る必要があります。

以前、大人は目を見てうなずきながら聞くと、しっかり聞いていると勘違いするから、それをやりながら別のことを考えているという強者の子どももいました。「しっかり見ることはとても難しい」と胸に刻んで大切な場面では意識して見ていく必要を感じます。

いじめは立場を入れ替えながら続いていくゲームのよう

いじめの被害を受けて不登校になった子どもの中に、以前はいじめる側だったと打ち明けてくれた子がいます。逆にいじめられたくなくて、被害者側だったけれど、ほかのターゲットとなった友達を一緒にいじめたという子もいます。つらさを身にしみてわかっているのに、自分を守るためにやってしまったいじめを悔やみ続けました。傍観者であった子どもも、見て見ぬふりをしていた自分の弱さに傷ついています。子どもたちの話を聴いていると、加害者や被害者、傍観者など、いじめは立場を入れ替えながら続いていくゲームのようだと感じることがあります。

小学校ではいじめの加害者側、中学校ではいじめられて不登校になってしまった女子生徒がいました。明るく、みんなをまとめる力のある子でしたが、自分の思いや弱みはまったく見せようとはしません。「全然大丈夫」が口癖でした。大人に対してもそつなく振る舞うのですが、ときどきむき出しの拒絶を見せました。「信じてないから」と何度も言われた記憶があります。「信じてない」という言葉の裏には「信じたい」「助けてほしい」という心の叫びが聞こえるように感じていました。

その子とは少しずつ距離を縮めるように関わっていきました。「あれっ、少し距離が縮まったかな」と感じると、「信じてない」という言葉でバタンと扉が閉じられるということの繰り返しでした。

この子は小学生のころはいつでも自分の意見が通り、周囲が自分に気を遣っていることに気づいていました。「それはいじめだ」と言われたときも、味方をしてくれる友達がいたので、怖がられていることに気づきつつも、それでよいと思っていたそうです。強い言動の裏には、いつも兄弟と比べられているというストレスがあり、「自分はダメだ」というコンプレックスがあったそうです。家での寂しさやストレスを晴らそうと、友人に対して強い物言いをして支配的な関係となり、そうすることでさらに寂しさが募っていたようです。

「怖がられても嫌われてもいいから誰かと一緒にいたい」

この子と話しながら、「一人になるくらいならいじめて従わせてでも誰かと一緒にいたい」と言った小学生がいたことを思い出しました。そこまでの気持ちに追い立てているのは何だったのでしょうか。「怖がられても嫌われても誰かと一緒にいたい」。小さな体に寂しさと孤独が詰まっているように感じました。

この女子生徒は中学校に入学してからは友達と普通に仲良くしようと決意します。そして今度は、友達が言ったことを否定することなく、すべて肯定するように努力していたそうです。すると、今度は逆にいじめの被害者になってしまいました。いじめられる子がどんなにつらいか、いじめられて初めてわかったと話していました。

この子は、家庭や学校での関わりの中でいつも寂しかったのだと思います。寂しさが他者との関わりの中で支配することで表現されたり、他者の意に従うことで表現されたりしています。支配するか、従うかしか関係の築き方がわからなかったとも言えます。

これでは本当の意味での友人関係は築けません。縦の関係だからです。なぜ、横の関係が築きにくかったのか。それは、人を信じていなかったからではないでしょうか。他者への信頼感がなかったのです。横の関係を築くには、信頼関係を基盤にした思いの共有が必要です。人のことも自分のことも信頼できない状態で心を閉ざし、孤独の中で生きてきたのだと感じます。

中学卒業時に後輩へのメッセージとして書かれた作文を紹介します。

私は、中学一年生の十月から学校に行けなくなりました。「あおぞら」に来たのは、十二月からで、行けなくなってからすぐのときは、ずっと絶望していました。最初は、「何で自分が、休まなきゃいけないんだ」って、学校の全員を恨んでいたよ。

でも、このままじゃ成長できないし、何も前には進まないって思った日から、考え方を変えることにしました。私には、「恨む」しかできないから、インターネットでも何でもいいから自分の意見じゃないものも積極的に見ました。その時に見つけたのが、「自分に嫌なことをしてきた人達のことを、自分を成長させてくれた人達として見なさい」っていう内容でした。最初は、絶対無理だし、自分のプライドが許さないと思っていました。でも、その考え方を忘れないで毎日心掛けていたら、今では全員をそういう考えで見られるようになりました！　そう考えた日から、生きるのが楽になったよ。自分は出来ないと思っても、絶対できる!!　諦めるよりも少しだけ手を伸ばしてね。

私は、「あおぞら」には選ばれた子しか来られないと思ってる。人間なんでもできるし、成長してる途中が一番辛いよね。今辛いなら、成長している証拠だよ！　辛くない子は、まだ新しい自分を探してる子だと思う。みんな一緒だし、辛かったら休んじゃえ！　私の人生も、これを読んでくれた子も、たくさんの「蕾」がある人生だから、「あおぞら」で花咲かせちゃえ！　何回でもチャレンジできるよ。大丈夫。したいことしてる子が、一番キラキラしてるよ。でも、無理は禁物だよ。

『恨む』しかできない」という言葉が胸に響きます。そして、その恨みは言葉で表現されることなく、本人を内側から痛めつけていたのだと感じます。体調面でも精神面でも不安定な状態が長く続いていました。

ネットの中の意見ですが、そのときに他者の意見を積極的に取り入れようと考えるに至ったことに底力を感じます。

いじめをしないための心の支援

高校生になって「友達関係がうまくいくようになった」という報告がありました。

「よかったねー。どうやったの」

「自分を大切にできるようになったから。自分を信じて、友達も信じられるようになった」

「そうなんだ。もうちょっと詳しく教えて」

「ずっと自分のつらさに気づいて、助けてほしいと思ってた。誰かを大事にしたら、同じくらい自分も大事にしてもらえると思って頑張ってた。でも違った」

「そっかー。つらかったね」

「うん。大事にされたいって思っていることを、伝えなくても察してほしいと思ってた。『わかるでしょ。なんでわからないの』って。でも、高校で寄り添って自分を大事にしてくれる友達ができたことで、思いを伝えることができた。そうしたら、話さなければ伝わらないんだなってことがやっと実感できた。なんで早く伝えなかったんだろうね」

いじめの加害者であったときも被害者になってしまったときも、この子の心はいつも助けを求めていたのだと思います。自分へのコンプレックス、寂しさや孤独。自分を大事にしてほしいと願うけれど、叶えられないストレス。そうした思いが、本人の人との関わり方や周囲の人間関係により、いじめの中での役割交代につながっています。これはどの子どもにも起こりうることだと感じます。

自分の体験を振り返って言った言葉にも考えさせられます。

「ストレスや悩みがなくて、いじめをしている子はいないんじゃないかと思う」

ここが、いじめの問題の難しさであり、複雑さだと感じます。行動の善悪を教えるだけでは解決しにくいのです。いじめをしている子どもにも、行動の背景やそれを継続させる心の動きがあり、助けを求めていることがあります。絶対に許されない行為であると伝えると同時に、いじめをしないための心の支援や教育が必要なのだと強く感じます。

「みんながやっているから」という集団の力学が働くこともあります。何年か経ってから、この子がいじめの加害者に「なぜいじめたのか」を聞いたそうです。返事は「みんながやっているから何となく」だったそうです。それを聞いて、妙に納得したと話しました。

子どもたちは集団の中で何となくいじめをすることがある。それが偽らざる現実だと腹をくくる必要があると感じます。

被害者や加害者、傍観者となっている子どもをはじめとして、全ての子どもたちへの教育支援の充実が必要ではないでしょうか。学校で行われている「いじめ防止授業」やプログラムの充実が望まれます。

「よくあることだ」という思いこみが温度差を生む

本人や保護者はいじめ被害を訴えるのですが、学校ではいじめとして認識していないというケースに出会うことがあります。「勘違いではないのか」「君も同じようなことをしていたよ」と先生から言われたという話も耳にします。当然のように、学校と本人・保護者との関係はうまくいっていません。いじめと認められてはいないので、解決の見こみも立ってはいません。業を煮やした保護者が学校以外の場所に訴え、関係の修復が非常に難しくなってしまっているケースもあります。

こうしたケースに接していると感じるのが、本人・保護者と先生とのいじめに対する温度差です。なぜ、温度差が生まれるのでしょうか。

一つには、個々によっていじめの捉え方に差異があることが考えられます。いじめ防止対策推進法には「この法律において『いじめ』とは、児童等に対して、当該児童等が在籍する学校に在籍している等当該児童等と一定の人的関係にある他の児童等が行う心理的又は物理的な影響を与える行為（インターネットを通じて行われるものを含む。）であって、当該行為の対象となった児童等が心身の苦痛を感じているものをいう」（第二条）と定義されています。また、「児童生徒の問題行動・不登校等生徒指導上の諸課題に関する調査結果について」（文部科学省）には、この定義に加えて、「本調査において、個々の行為が『いじめ』に当たるか否かの判断は、表面的・形式的に行うことなく、いじめられた児童生徒の立場に立って行うものとする」と明記されています。

このように、いじめは「児童等が心身の苦痛を感じている」ものと定義されていますが、苦痛の感じ方は個人差があると感じます。「自分が子どものときにもいじめはあったし、よくあることだ」という思いこみはないでしょうか。昔の子どもと今の子ども、昔の学校と今の学校は同じではありません。やはり、いじめられた子どもの立場に立っていじめであるかどうかの判断を行うという基本を大切にしたいものです。

子どもの訴えを最後までじっくり聴くことが不足していることも温度差の一因と考えられます。「先生はよく話も聞かないで決めつけた」という訴えもあります。子どもたちは、大人の様子を見ながら、どこまで話していいのか、話しても大丈夫なのか、探り探りいじめの話をしているように感じます。行きつ戻りつする話はどこまで伝えようか逡巡している時間と言えるかもしれません。「じっくり聴いてもらった上で一緒に考えてもらった」と実感できるよう、子どもの話を最後まで整理をしながら聞いていくことが有効ではないでしょうか。そして、その子どもがいじめという現実をどう捉えて、どのように感じているのかを、その子の立場に立って考えてみることが大切だと思います。

温度差を埋めるために大切なこと

最初はそれほど深刻ではないかと思っていた友人関係のトラブルの話から、話を聴くうちに、いじめの広い裾野が見えてくることがあります。

以前、友達との関係がうまくいかないという相談がありました。どんなふうにうまくいかないのかを聞いていくと、悪口を言われたことをポツポツと話し始めました。最初は悪口を言うのは数人の子どもだと話していたのですが、相談を続けていくと、クラスのほとんどの子どもから悪口やからかいの言葉を言われていることがわかってきました。

発端となったのは、先生がその子どもを注意するときに使った言葉だということもわかりました。いつも注意されているその子をクラスの子どもが先生のように注意しているうちにからかいに発展していったようです。もちろん先生に悪意があったわけではありませんが、子どもは敏感に先生の言葉や態度に反応します。子どもたちのミニ先生化は、いじめにつながる可能性があることを常に留意しなければならないと感じます。

研修で「いじめ指導は難しいけれど、どう対応していけばいいのか。正解はありますか?」という質問を受けることがあります。こうすれば解決できるという正解はわかりませんが、まずはしっかり聴いて何が起こっているのかを理解することが大切ではないでしょうか。起こっていることを正確に理解して、関わっている子どもたちの心情を想像することです。被害者、加害者、周囲にも深く関わっていくことが必要です。

一回の指導で解決したと思わず、しばらくの間、注意深く見守り続けることも大切です。指導が終わっても、心の問題は簡単には解決できません。いじめの指導後、大人の関心が薄れたときにいじめが再発することもありますし、指導後に子どもたちのパワーバランスが変わって別の被害者が生まれたり、加害者が被害者になったりする場合もあります。正解のない問題を考え続けて、あきらめずに関わり続ける胆力が求められます。

聴くことも、解決後の見守りも時間がかかりますが、いじめが深刻化した際の対応や、心情的にこじれてしまった際のつながり直し、そして子どもの回復までにかかる時間を考えたら、それほど長い時間ではないはずです。

「いじめをなくす」と言いきる自信があるか

この章を書くに当たり、私は、二つのことを自分に問いかけて、とにかく悩みました。

一つめは学校で直接いじめの指導をしていない私が、いじめについて書いてよいのかということです。これについては、いじめを体験して不登校になった子どもたちのそのままの思いや言葉を伝えたい、そして、その言葉や回復、成長の過程は、いじめの解決を考える上で、必ず役に立つと考えました。

また、「あおぞら」の卒業生たちに作文使用の許可を得ようと連絡をとった際に、その子たちが、今いじめで苦しんでいる子どもたちの役に立ちたいと私の背中を押してくれたことで、迷いがなくなりました。

そして、二つめはいじめをなくすことはできるのか、いじめをなくすと自分が自信をもって言いきれるのかということでした。しかし、悩み続ける中でいじめにあって不登校になった一人の男子生徒の作文を再度読み、迷いが吹っ切れました。

ぼくは中学一年生の後半から学校に行かなくなりました。行かなくなったばかりの時は不安で、いろいろなことを考えました。例えば、「僕は高校に行けるのか」「この先、生きていけるのか」などとずっと思っていました。外に出る時にも「皆が勉強しているのに僕は外出してよいのだろうか。」といつも罪悪感がありました。同級生に会うのが恐くて、学校の近くに行けなくなりました。どこへ行くにも、「学校へ行かなければいけない」と思って、どこも心から楽しいと思えませんでした。

もし今、同じ状況に立たされたとしても、僕は逃げるという選択肢を選びます。いつ、どんな所にいて、自分がどんなに強くてもいじめに勝つことは難しいです。勝つにはたくさんの時間が必要です。なので、僕は逃げます。いじめという相手のストレス発散の道具というくだらないものにさく時間を、自分の学びに使い、また一人でも多くのいじめられている人や学校が苦痛な人に、耐える必要なんてないということを伝える時間にしたいです。

この子は、いじめられて学校に行けなくなったにもかかわらず、学校に行かない自分に罪悪感を抱いて、苦しみ続けました。高校生になってからは、「いじめにあったときには逃げよう。逃げることは恥ずかしいことではない。とにかく自分を守ってほしい」というメッセージをSNSで伝える活動に取り組んでいました。

現在は、自分の道を歩き始めていますが、ときどき、かつての記憶に苦しめられることもあるようです。

いじめをなくす自信があるとかないとか、そんなことではないのだと噛みしめました。

「この子やD君、E君……のようないじめに苦しむ子どもを出してはいけない」

いじめによって苦しい思いをする子どもをなくすという強い決意をもって目の前の子どもたちと向き合っていくことが大切なのだと考えるに至りました。

SNSの普及など、子どもたちの世界がさらに広がりをもち、大人には見えにくいものが増えてきました。子どもたちの世界で何が起こっているのか注意深く見つめ、いじめをなくすために何ができるかを、さまざまな知見をもとに考えていく必要があります。私自身も何ができるかをさらに学び、考え続けていこうと決意を新たにしています。

第４章

居場所は
どこにある？

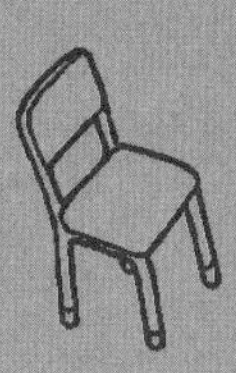

不登校の子どもたちは、「居場所がない」という言葉をよく口にします。「不登校の子どものための居場所づくり」が大切だとも言われますが、場所が用意されているだけでは居場所にはならないのだと感じます。自分にとって居場所だと納得できる場所を、子どもたちはどうすれば作れるのでしょうか。

居場所について悩み、自分なりの答えを導き出した子どもがいました。

「自分のための作文」を書く

Ｆさんは中学一年生から不登校になり、二年生から「あおぞら」に通い始めました。勉強もそつなくこなし、笑顔が素敵な子です。しかし、体調不良という理由で欠席が多く、二年生のときはあまり通うことができませんでした。

Ｆさんが二年生のときに「進路学習会」に誘いました。三月のことです。みんなに受験制度について説明した上で、十年後の自分の生き方を考えて、次の年にどうしたいかを作文に書いてもらいます。

「みんなをむりやり学校に行かせようと思ってないよ。ただね、何も考えないで不登校を続けるのはよくないと思うんだ。だから、自分のこれからのことを自分で考えて書いてみて。不登校になって、つらいこともいっぱいあったと思うんだ。『自分の未来は終わった』って話した卒業生もたくさんいたよ。でもね、みんな、大学に行ったり、働いたり、親になったり、それぞれが自分の道で頑張っているんだ。『不登校という経験があったから、今の自分がいる』と多くの卒業生が言っているよ。そんなふうに思えたら素敵だね。ぜひそういう経験にしてほしいな。そうしたら、あなたたちが苦しんだ時間は意味のあるものになるよね。

今から書いてもらうのは自分のための作文です。大人が喜びそうだと思うことを書かなくていいよ。自分で考えて、自分の思いを書けたと思ったらＯＫです。分量も作文用紙の使い方も漢字も気にせず自由に書いてね。書き終わったら、見せに来て。後ろで待っているね」

こんなふうに話します。毎年、一言も話すことなく、みんな真剣に作文用紙に向かっています。一行も書けず、苦しそうにしている子には声をかけます。

早い子は三十分くらいで書き上げますが、二時間くらいかかる子もいます。目の前で読んで、短くてもその子の精一杯だと感じたら、ＯＫを出します。しかし、もう少し自分と向き合ってほしいと思ったときには、「この部分はもう一度考えてみて」と伝えて、書き足してもらいます。追い詰められる子どもたちもつらいと思いますが、追い詰めている私も実はつらいのです。その子の状況や心情を想像しながら、どこまで求めていくかを推しはかっています。真剣勝負です。つらさを共有することで、共に歩いていると考えています。

それぞれの決心

Fさんは長い時間をかけて、作文を書きあげました。

今の私は努力不足であきらめがちです。中学校に戻るのも進学するのも今の私には人以上に努力が必要です。今は行けてない中学校に行くのが目標で「あおぞら」に来てますが、戻れるのかはわかりません。なので、このまま「あおぞら」に通いつつ、進学に向けて頑張る方が自分に向いている気がしてます。どんな高校でもいいから、努力をして通いたいです。ちゃんとした夢は決めてませんが、高校やこれから出てくる夢のために高校に進学していきたい。就職したとしても専門職をしたとしても、やっぱり中学校卒業だけじゃ足りないし、その上、登校もできていないので、この一年間は勉強だけではなく、人間関係などいろいろな面で視野を広げて、学校に行けていない不登校でも努力次第で何とかなるっていう将来にしたいです。

Fさんは学校ではなく、「あおぞら」で、努力不足であきらめがちな自分を変えていきたいと決意します。私もこの作文を読んで、「決意が固まったね。頑張れ」と励ましました。

不登校期間も状況もFさんとちょうど同じような子がいたのですが、その子は公立高校の専門学科に進学したいという希望があり、内申点をとるために中学校に戻ると決心しました。友達が一人もいなくても、高校のために頑張ると書かれていました。

実は、数日ですが、Fさんも三年の初めに学校に戻りました。「あおぞら」で頑張ると書いていたけれど、何でだろう？「あおぞら」で頑張ると決めたことで、逆に学校に戻ることへのハードルが低くなり、一歩が踏み出せたのかもしれません。人の気持ちは本当に不思議です。

その後、「あおぞら」に通い始めますが、取り組み方が二年生のときとはまったく違っていました。週に三日通うと自分で決めて、ほとんど欠席なく通い続け、ずっと尻ごみしていた集団活動にも参加し始めます。

「そろそろグループ活動や行事にも参加してみる？」。にっこりと私。

「えーっ、どうしよう。無理かも」

「大丈夫！　私がついてる」

「だから、こわーい！　先生は笑って、むちゃぶりするから」

「へへへ。だって、一緒にやりたいんだもん！　やってみないとわからないことも多いし。とりあえず試しにやってみて、それからまた相談しよう」

私は自分なりにそれぞれの子どものタイミングを推しはかっているつもりなのですが、時々、ほかの子に叱られます。

「先生、○○ちゃんは、まだ先生に『嫌だ』って言いにくいだろうから、無理に誘ったらかわいそうだよ。○○ちゃん、林先生に言われたからって、まだ無理だと思ったら、断っていいよ。慣れてきたら出られるようになるから。出たいと思ったら一緒にやろう。私も最初は不安だったけど、ここの子はみんないい子で安心だから」

叱られた私はすごすご退散します。

「失敗、上等！」

さて、むちゃぶりの期待に応えて、Ｆさんに行事の実行委員を頼みました。幼稚園児さんの演奏会に参加して、ハンドベルの演奏を披露するというミッションです。話ができるようになった同級生と一緒に実行委員を務めてもらうことにしました。練習日に休む子がいたり、うまく進まずに雰囲気が悪くなったりします。今まであまり成功体験のなかった相棒が自信なさそうにすると、Ｆさんが「大丈夫」と言って励まします。励ますことで、自分を励ましていたのかもしれません。

失敗を過度に恐れる子が増えているように感じます。失敗しないように、自信のないことは回避していく。「自信がないから無理」という言葉もよく聞こえてきます。そんなときはこんなふうに声をかけます。

「やってみないと自信はつかないんだよね。やらないで自信満々と言ってる人がいたら、あやしくない？」

「確かに。ちょっとやばい感じがする」

「うん。だから、今、自信がないのは当たり前。一緒に考えるからやってみれば」

「でも、失敗したらどうしよう」

「失敗ってしちゃいけないの？」

「それはそうでしょ」

「失敗ってどんなふうになったら失敗？」

「うまくできないとか……」

「もし、うまくできなかったとしても、みんなで頑張ってその過程を楽しめたら最高だと思うな。それにさ、失敗することは悪いことじゃないよ。失敗したらまた考えればいいし。失敗したって、一緒に考える仲間もいるし、私もいるよ。そして、経験値が上がる。なんだかお得な気がしない？」

「先生も失敗してきた？」

「うん、山ほど。失敗、上等！」

安心して失敗できる場所を作ってあげたい。そんなふうに思っています。

演奏会は若干そろわない部分はあったものの、演奏後は大拍手。園児さんは踊ったり、手拍子をしたり、とても楽しんでくれました。演奏会を終えた後にFさんが交換日記に次のように書いてきました。

演奏会はですね、「まぁまぁ」じゃないですか？　うちは、「ようちえん」の子たちの方が上手だったと思います。やる気とか？　演奏はへたくそだけど、ピュアなやる気があの子たちの方があったと思った。たぶん中学生にはできないと思う。それになんか、あの「さんぽ」、音がぬけてたし、テンポもバラバラ。歌だってそう。まぁ、マイナスなことばっかり言いたくないから「まぁまぁ」って感じです。まとめる人って大変。みんなまとまってくれないし。意見くいちがっちゃうし。先生たちって大変。大変って大変……。

実は、「頑張ってよかった」という感想が書かれてくるのではないかとちょっと期待していたのです。確かに、そろっているとは言い難かったけれど。なかなか良かったと思うのですが……。Ｆさんもあきらめずによく頑張っていたのに、どうしてこんなにも「できていない」という評価になるんだろう？　交換日記の続きを読んでいて、その理由がわかる気がしました。

中三と高三にはなりたくない。いつも頭をフルに使ってなくちゃいけなくって。ドラマでみたように、ガリガリずーっとお勉強なんてできないですよ。そんなに集中力ないし。だからやらないわけじゃなくって、ちゃんと勉強はするけど、理想までいけないの、って感じかな。で、理想までいけないと勉強してない気がして不安でいっぱいなのです。

頑張っても、理想の姿にまで達しなければ自分を認めることができないのです。こうした場合の理想はとんでもなく高いことが多いように感じます。演奏会でも頑張りはしたけれど、みんなをまとめ上げ、一糸乱れぬ完璧な演奏をするという理想の形には至らなかったのです。完璧な結果でなければ、努力をしてもそれを認めることができなかったのです。

「居場所を見つけるのって、人が死ぬまでで一番苦労すること」

自分が自分を認めていないのに、周囲の人からほめられることで、Fさんの悩みはさらに深まっていきます。

今日担任のセンセーに「『あおぞら』で頑張ってるね」って言われました。とても不思議です。確かに客観的に見れば、今までよりも頑張ったのかもしれないけど、自分では頑張ったかどうかわからないんです。がんばったつもりもなくて、わからない。だから不思議だった……。すごく。「教室に少しでも戻ってみる?」って言われたけど、戻れないのは、はっきりした原因があるわけではない。だから「戻る」っていうのはすごく大きくて。

四月にすっごく思い切って戻ってみた。すごく普通すぎた。でも「原因」は「原因」のままだった。原因は「自分の居場所を自分で見つける」ってことだった。今のうちの居場所は「あおぞら」にも「学校」にもないような気がする。「居場所」を見つけるのって、人が死ぬまでで一番苦労することだと思う。四月に戻ってみて「どんな」感じなのかわかってるから、そのときの自分もわかる。これからの自分のためにがんばりたいのか、今のままで大丈夫(な気がする)なのか、逃げていたいからなのか、「あおぞら」にまだいたいのかがわからなくて……。一月に学校にいるのか、「あおぞら」にいるのか、そこはうちのいるべき「居場所」なのか分からない。自分が「あおぞら」と学校どっちにいたいのかもわからない。「こう」した方がいいというのは自分しか知らないのに、わからない。「こう」に自分流をまだみいだせない……ずっと。今までも自分と向き合ってきたつもりで内側をひっぱってみたけど、つもりで向き合った内側がすべて「?」だった。全国の中三生に「自分てどういう人なのか」聞いてみたい。みんなもう結論でたのかな……。考えると学校に戻ったからって、メリットはコミュニケーションのとり方とアクシデントの対応が身につけられるだけ。それはもちろん高校で必要だから身についていた方がいいに決まってる。でもそれをのぞいたら学校に戻ってどうなの?って思えてきちゃう。だからすべて「?」になっちゃう。どーしたらいいの?

「居場所って何だろう?」「どうすれば、Fさんにとっての居場所が見つかるんだろう?」と考えました。交換日記にはその後も、受験の不安や自分に対する自信のなさ、居場所についての迷いが綴られます。返事に数日かかってしまうこともあったのですが、返すとたくさんの思いを書いてきてくれました。悩み続けた一か月後の文章です。

こーんなマイナスの自分ばっかひっぱりだしても不安になるだけなんで、こう考えることにしました。しっかり自分と向き合おうとしてるじゃないか、改善に向けて問題を見つめられているじゃないか、って思ってもいいんじゃないかなって。

他者との関係の「中」で生きる

転機になったのは、演奏会から数か月後に予定されていた調理実習の実行委員でした。

当時、「あおぞら」の行事で、中学校三年生の最後の試練が調理実習の実行委員でした。私が勝手に決めているコンセプトは「先生を働かせるな」です。メニュー決定から材料計算、予算内で材料を買いそろえるための下見や買い出し、当日のスケジュールまですべてを生徒が考えます。予算があまり多くはないので、最初に夢見ていたメニューは実現できないことがわかってきます。そこで、各々が近所のスーパーに価格調査に行って、値段を突き合わせ、安いものを探すのです。休み時間にスーパーの安売り日がいつだったかという会話がとび交います。

ある年は、五キロの米を担いで授業に遅刻して来た子がいました。

「スーパーの前を通ったら、偶然タイムセールで、すごく安かったから、迷ったんだけど買ってきた。良かったかな？」

みんなで拍手喝采です。「これでフルーツポンチに入れるミカンの缶詰が買えるね。ありがとう」と言われて、とてもうれしそうでした。誰かの役に立ったと思えたときに、子どもたちはグンと成長します。

調理実習の日の午後に行われるレク大会の企画運営も実行委員の仕事です。やることが多すぎて、準備段階でパニックになって泣く子や、どうしてもっと働かないのかとほかの子に怒りをぶつける子もいます。それをまた、ほかの子がフォローします。が、フォローしきれず、雰囲気が悪くなることもあります。どの段

階で声をかけよう、こんな様子で大丈夫かな？　と私もドキドキしながら見守ります。手を出したい、いやいやまだダメ、私自身も自分の心との戦いです。

当日は料理に入れる材料を間違える班があったり、時間に間に合わなくなりそうだったり、いろいろなアクシデントをどうにかみんなで乗り越えて、調理実習が終了しました。

「ここがうちの居場所だって、やっとわかった」というFさんの言葉とともに。

その少し後に書いた作文を読んで、「居場所はどうすればできるのか」という疑問の答えが深く納得できました。

私は中学校の大半、学校に通うことができなかったけれど、その分自分自身と向き合うことが多く成長して得たことがたくさんあります。その多くは適応指導教室で学んだことです。

学級行事の保育での音楽発表で実行委員を務めたときは、内容的に難しいものではなく、順調に進めていいました。しかし、意見のくい違いや練習不足の生徒がでてきました。その話し合いや手順説明の中で、人をまとめる難しさを学びました。調理実習でも実行委員を務め、当日はトラブルが起きましたが、他の実行委員と協力し、成し遂げました。私は、一人では解決できないことも他と協力し成し遂げられること、そして信頼関係の大切さを学びました。そうした経験を糧に、三年生の時には中学校に週二日、適応指導教室に週三日通えるようになり、その中で自身と向き合うことが成長につながることを実感しました。

居場所は、他者との関係の「中」でこそできるのだと実感します。しかも、理想ではない、そのままの自分が受け入れられたと思ったときに。実行委員をした演奏会と調理実習の違いは何だったのでしょうか。

演奏会のときは、「その話し合いや手順説明の中で、人をまとめる難しさを学びました」と書いています。まとめるという言葉からもわかるとおり、Fさんはみんなの中に混じってはいないのです。集団を外から眺めて、一生懸命まとめようとしていたのです。

では、調理実習はどうでしょうか。

「当日はトラブルが起きましたが、他の実行委員と協力し、成し遂げました。私は、一人では解決できないことも他と協力し成し遂げられること、そして信頼関係の大切さを学びました」

演奏会とは、まったく違うキーワードが出てきます。「協力」「一人では解決できないことも他と協力し成し遂げる」、そして「信頼関係」です。Fさんは、集団の中にいて、うまくいかないときには仲間を頼ることができました。そして、実行委員の仲間や班の後輩たちもFさんを支えようと頑張ったのです。ここが演奏会と調理実習のとても大きな、そして決定的な違いです。自分の力だけではどうにもできなくなったときに仲間に頼ってゆだねることができたのです。相手を受け入れるとともに、その自分を相手が受け入れてくれたと実感できたのだと思います。

頑張ったことを互いに認め合うことができた。まさに、互いが互いを受け入れ合う関係、相互承認ですね。頭の中だけで居場所を求めても、心を開いて互いを認め合わなければ、居場所は得られないのです。Fさんは他者との関係の「中」で生き始めたのです。

子どもの苦労を横取りしない

その後、Fさんは開き直ったように前のめりに進んでいきました。いわゆる「はっちゃけた」のです。ポンポン言葉が飛びだします。宿題をやってくると「わたしってすごくありません？　昨日家に帰ったら、すぐに宿題をやっちゃった。もしかして優等生？」と言い、同級生とふざけ合い、私をおちょくり……。何とも楽しそうで、笑顔がはじけています。

「理想の自分」になれない不安は、どこかにきれいさっぱりと飛んでいってくれました。これも調理実習での経験の成果ですね。そのままの自分を受け入れてもらえると、理想の自分を追いかける必要がなくなるようです。

「大人の願うような理想の自分でいなければ愛されない」と無意識に、他者の期待に応えようと考えている子どもは案外多いのではないでしょうか？

卒業前にFさんが後輩に向けて書いたメッセージをお読みください。

こんちは。うちは「あおぞら」でほぼ中学校生活を過ごした人なんで、いろいろ知ってます。林センセーが満面の笑みで恐ろしいことを言うのも、ここが自分の居場所になってくることも、だんだん自分が好きになってくることも知ってます。ま、うちがここに来て楽しくなったのは、三年になってからの話だけどね。でもでも、来てれば好きなコできるし、みんながちょーいいヤツだってこともわかって大好きになる。楽しくなるよ　きっとね♡

受験だって、みんなと先生たちが支えてくれる。大丈夫。

うち、めっちゃ成長したんだよ。性格変わったくらい大きくなったの！

ここに来て楽しめば、よいことい――――――――――っぱいあるから「今日行こっかな　休んじゃおっかな…」なんて迷わずにおいで！行かなきゃ友達なんてできないんだからさー☆　うちに言えることはそれだけ。ほんとはもっと言いたいことあるし、「あおぞら」も、ここでできた友達もちょー大好きなんだけど、うまく言えないから、これだけにしとく。

でもほんっっっっっとにいいことある!!言い切れる。感謝してるのです。めちゃくちゃに

だから楽しくはっぴーに過ごしたいならここにおいでね♡　　おわり！

「あおぞら」に勤めていて、子どもたちのために私ができる最大のことは、経験の場を用意することだと漠然と考えてきましたが、Fさんのことを書きながら、それは間違いではないのだとはっきり確信しました。

楽しかったり、悩んだり、悔しかったり……。苦労しながらたくさんの経験を重ねることで居場所を作り、自分自身を好きになることができるのだとFさんに教えてもらったからです。

「子どもの苦労を横取りしないこと」が、大事なようです。

最「小」限の手伝い

もう一人、経験をすることで、大大成長を遂げたのがGさんです。

適応指導教室というものがどのようなものか、私もようやっと自分なりに方向性が見えたころです。ひょんなきっかけから「食育フェスティバル」という自治体のイベントでの展示発表への参加を打診されました。少しずつ教室を外の世界に向けて開き始めていたのですが、参加を決めるまでは悩みました。自治体のイベントで不特定多数の人が来場します。そこで模造紙二枚分の展示発表。どこまでできるだろうか？　決して長いとは言えない準備期間の中で完成させられるだろうか？　生徒は頑張れる気がするけれど、保護者は「あおぞら」の名前が大っぴらに出ることを嫌がらないだろうか？　「あおぞら」をどこまで開いてよいのだろうか？

ほかの先生たちと相談を重ねて、まずはやってみようと参加を決めました。子どもたちが話し合いをして、テーマや内容を決め、担当を決めて取りかかりました。時期的に生徒数も少なかったために、一人一人の負担はかなり大きいものでした。

Gさんは小学生のころから長期の不登校で、「あたしなんか……」という言葉が口癖でした。授業中も休み時間もいつも済まなそうな表情です。

イベント参加についても、「あたしなんか、絶対に無理。いても役に立たないから」とかたくなに拒みました。それをほとんど強引に説得して、展示の分担に入ってもらいました。中学三年生で、「あおぞら」での残り時間が限られていたからです。

今まで、調べたり、掲示物を書いたりという経験があまりないと言っていたので、最初はどのように取り組むのかを詳しく説明して一緒に行いました。方法がわかれば、今後に生かせると考えたからです。やり方がわかったら、できるだけ自分でやってもらいます。

「Gさんがあきらめずに続けられるよう、『最小限』の手伝いをしよう」と決めていました。「最大限」の間違いではありません。Gさんに自分でやり遂げたという思いを実感してほしかったのです。だから「最小限」です。

「どうしよう、どうしよう」。半分泣きそうな顔で、慣れない作業に取り組みます。「大丈夫。落ち着いて。できるよ」と声をかけます。

「もう、林先生のいじわる」とよく言われました。

「あたしなんかにはやっぱり無理」とあきらめそうになると、「どこが無理なのか」「どこまで手伝えば自分で頑張れるか」を相談しました。するとGさんは「もう少し頑張ってみる」と何度も決意をし直します。

「かわいそうだから手伝ってあげた方がいい」とほかの先生に言われても、自分でやり遂げたと実感させたいという思いは変わりませんでした。

あきらめの世界からの脱出

Gさんは、つらくて泣いた翌日も休まずに作業に取り組んでいました。「最小限」の手伝いと決め、先生たちにもあまり手をださないようにお願いしながらも、Gさんの心が折れてしまわないか心配だったので、姿が見えるとホッと一安心していました。

そのうちに、ときどきGさんから「よしっ」という小さなつぶやきが聞こえるようになりました。私も心の中で「よしっ」とガッツポーズ。少しずつではありますが、着実に準備が進みました。

これで一安心かと思っていた矢先、展示まであと数日といったころに、Gさんが真っ赤な顔をして姿を見せました。なんと三十八度の熱がありました。すぐに帰って休むよう話したのですが、

「自分の分担がもう少しで完成する。絶対に自分の力で完成させたい」と頑として譲りません。結局、熱を押して頑張り通し、見事に完成させたのです。Gさんのど

こに、こんな強さが隠れていたのだろう？　感動すると同時にとても驚きました。
イベント終了後にGさんが書いた作文を紹介します。

私は最初に先生からこの食育のイベントに参加すると聞いた時、正直面倒くさいなぁーと思いました。でも自分に出された課題をほとんど使った事のないインターネットで調べてみたり、普段本を読まない私には全く縁のない図書館で本を借りてそれを読んでみたりなど、今までやっていなかったことに挑戦というか体験（？）できた事が楽しかったです。

途中で忙しすぎて自分が何をやろうとしたのか忘れたりする時もありました。でも、忙しくても忙しくても「絶対に途中であきらめたりしない！」と思いました。なぜかというと、こんなにいいお話をもらえるのは一生に一度あるかないかのチャンスだと思ったし、他のみんなに負けない位の作品を作りたかったからです。そして、作品が完成した時には本当にホッとしました。役所に展示させてもらった次の日、「お客さんは私たちの作品を見てくれているだろうか？」と心配になり役所に思わず見に行ってしまいました。でも、私が心配する必要はなかったみたいです。みんなで袋に入れた無料で配る野菜の種はすでに全部なくなっていたし、すごく真剣な目で作品を見てくれている人もいたし、その時私はものすごく嬉しくて大声でこの喜びを誰かに伝えたくて、先生に電話をしてその時の喜びを伝えました。その後も種の補充とかお片付けとかも大変だったけどまたこのようなお話がもらえたら、また一生懸命やりたいです。

私の大好きな作文の一つです。読むとなんだか涙が出るのです。「一生に一度あるかないかのチャンス」とは、なんていじらしいのでしょう。Gさんの言葉です。「初めて自分だけに任された仕事だったから」。それまで小学校も休みがちで、自分が責任をもって何かを任されるという経験がなかったのです。途中でちょっと参加して、それで許されることが多かったのだそうです。初めての自分だけの仕事。だから、一生に一度あるかないかのチャンスだったのだそうです。

「先生、私やったよ！　みんなすごく喜んでくれているよ！」。受話器からあふれ出るようなGさんの大きな声を今も覚えています。「あたしなんか」という言葉の裏に隠れていたGさんの成長への思いが爆発した瞬間でした。まさにビッグバン級です。

Gさんは自分をあきらめていたのだと感じます。「あたしなんか」という言葉で自分を守り、自分で作った自分だけの「あきらめの世界」にいたのです。傷つかないために。

この頑張りは、「あきらめの世界」から自分を解き放ち、自分を好きになるためのプロセスだったように感じます。「みんなに負けない位の作品」という言葉に表現されているように、Gさんは最大限の努力をすることで、あきらめの世界を脱し、他者と世界を共有することで、自分の手で居場所を作ったのです。

全員参加で全員制服

役所での展示の飾りつけの当日、不思議なことが起こりました。参加をした子どもが全員、それぞれの学校の制服を着ていたのです。ほとんど制服を着たことのないGさんもです。「あおぞら」は、基本的に服装は自由です。もちろん制服でもよいのですが、ほとんど着ている子はいません。制服は断固拒否の子が多いのです。

「どうしたの？　みんなで相談して制服にしたの？」と聞いたら、声をそろえて

「偶然！」と答えます。

「何となく制服が着たくなったんだよねー」

「一緒、一緒」

「なんで着たくなったんだろう？」

「ほんと。なんでだろう。変なの」

「でも、○○ちゃんの制服姿、かわいい！」

「△△ちゃんのセーラー服もかわいいよ！」

と妙な盛り上がりです。そして、みんな顔が誇らしげなのです。

あぁ、そうかと思いました。制服は着たくないのではなく、いつもは着られない、着る資格がないと思っているのだと。展示に向けて、頑張った自分を認めることができたから、制服を着ることができたのだと納得したのです。「たかが制服。されど制服」です。

もう一つ、まったく想像していなかった副産物がありました。それは、参加した子どもたちが作業を続ける中で「全員参加」という目標を立てたことです。「あおぞら」は、スタートも一人一人の状況も違うので、まだまだ集団活動に参加できない子やほかの子に会うことが難しい子もいます。どうやって全員参加を実現するんだろう？

子どもたちが考えたのが、花や野菜の種のプレゼント作りでした。袋に種の名前を書いて、一つ一つ袋詰めしたものを来場者にプレゼントするという企画です。それぞれの子が、自分のやりやすい形で作業しました。直接作り方の説明を聞くと緊張する子もいるからと、「良かったら一緒にやりませんか？」という誘いの言葉と作業の手順が丁寧に書かれた説明書が用意されました。

少人数で作業する子、話はしないけれどみんなと同じ空間で作業する子、説明書を読みながらブースに座って一人で作業する子。それぞれが自分に合ったやり方で参加しました。そして、全員参加が実現できたのです。

なぜ全員参加という発想が生まれたのでしょうか？　それは、自分たちが他者と関わる中で得た、「居場所がある」という感覚を共有したいと考えたからではないでしょうか。「良かったら一緒にやりませんか？」という言葉は、「良かったら、自分の世界から少し顔を出して、つながりませんか？　仲間になりませんか？」という素敵なメッセージだと感じられました。

もう一度会いたい

「食育フェスティバル」はもう一つ大きなつながりを作ってくれました。大学構内の田んぼで稲作に取り組んでいるサークルの大学生との出会いです。大学生主催のワークショップに参加しました。大学生の農業に対する熱い思いや夢に触れ、共に考えた一時間半の時間は子どもたちに大きな喜びと自信を与えてくれました。

「大学の田んぼに行って、また大学生に会いたい」。誰からともなくそうした声があがりました。子どもたちから「〜したい」という強い希望の声があがったのは「あおぞら」始まって以来、初めてのことでした。

「希望を叶えてあげたい！」。大急ぎでサークルの大学生と調整をして、三か月後に稲刈り遠足に出かけました。ほかの先生方も全員が賛成し、協力してくれました。体験することによる子どもたちの成長を共有できたからでしょうか。

晴天の下、午前中はグループでのキャンパス探検、お昼は庭園の芝生でお弁当、午後から稲刈りとレク大会。子どもたちの希望どおり、大学生と一緒に一日中思う存分楽しみました。

事後の感想には、「みんなで一緒にご飯を食べるといつもよりおいしく感じた」「別れ際にいつまでも手を振り続けて、心が温かくなった」「大学生と話すことで、不登校になってあきらめていた大学に行きたいと強く思った」など、たくさんの思いが書かれていました。

子どもに合わせ、融通無碍になる

その後の高校受験で、Gさんは前期募集では不合格でした。ひどく落ちこんでいないか心配をしましたが、こういうときは心を鬼にして、「今日一日は落ちこんでいいいけれど、明日からは次に向けて頑張るよ」と話します。

その言葉のとおり、Gさんは一日落ちこんで、すぐに後期募集の準備を始めました。準備をしながらも、「今日一日はみんなと思いっきり楽しんで、また頑張る」

と卒業遠足にも参加しました。卒業遠足の最中にGさんの作文添削をしたのも良い思い出です。たくましくなったGさんは後期募集で見事に合格しました。

保育園のころから集団が苦手で、いつも居場所を見つけられなかったGさんは、自分の手で高校合格をつかみ取り、自らの居場所を築いていきました。「あたしなんか」という自分を否定する口癖もいつのころからかほとんど口にしなくなりました。

「林先生は最初は優しいけれど、途中から鬼になる」とよく言われます。Gさんもそう思っていたかもしれません。

傷ついたり、人間関係に不安を抱いたりしている子どもたちには、まずは「人っていいいな」と感じてもらいたい。そのために寄り添い、理解し、つらいときには支えていきます。

傷ついているときには、無条件で受け入れてもらう母性的なケアが必要だと思うからです。小さな子どももそうですが、無条件の承認をもらい、ありのままの自分を受け入れてもらった安心感が子どもの心の土台を支えます。「あおぞら」に勤め始めた当初の私はこの一点に集中して、力を注いでいました。

卒業生のその後がわかるようになってから、母性だけではなく、父性的な関わりの必要性も実感しました。人と関わるときには、自分の都合どおりにいかないことや、予想どおりにならないことが山ほどあります。だから、自分の希望を伝えつつ、相手の都合も受け入れなければならないのです。互いに譲歩し合いながら認め合うことが大切です。そのために、どんなにつらくても自分の責任を果たしていくことが必要になります。それができると、自分が好きになり、それを受け入れてくれる人が好きになり、自分の居場所ができるのです。

行事やイベントは、苦しみながら相手を受け入れ、他者性や社会性を学ぶ過程が重要だと考えています。経験自体も大切ですが、結果だけではなく、過程を大事にしていきたいと思っています。

「あおぞら」での私は、教育と心理の間を行ったり来たりしていると書きましたが、母性と父性の間もまた行ったり来たりしているのだと気づきました。その時々の子どもの状態に合わせて融通無碍でありたいと思います。

「ねばならない」の呪い

「居場所がある」と実感できると同時に自分を認め、好きだという思いも生まれるように感じます。誰かに受け入れられたという感覚は、それほど意味があるのですね。

不登校の子どもたちは、よく「自分が嫌い」「自分には価値がない」と言います。不登校になったから自分を嫌いになり、価値がないと感じるのか、自分が嫌いで価値がないと思っているから不登校になったのか？　まるで「卵が先か、鶏が先か」みたいな話ですが、どちらなのだろうかとよく考えます。

「あおぞら」に通い始めた当初「自分を好きになんてなれるわけがない」と言っていた女子生徒がいました。そうそう、この子の口癖も「あたしなんか」と「すみません」でした。勉強も対人面もそつなくこなし、「あおぞら」の仲間からも頼りにされる存在でした。しかし、課題がよくできても「すみません」。みんなのために頑張って役割を果たしても「すみません」。「すみません」という言葉で自分を守っていたのかもしれません。

そのころの自分を「人はひたすら恐怖の対象で非常にビクビクしていた」と卒業時に振り返っています。

その背景には、「ちゃんとやらなければならない」「もっとできるようにならねばならない」「相手に嫌な思いをさせてはならない」「友達に好かれなければならない」など、たくさんの「ねばならない」があるように感じていました。「ねばならない」にがんじがらめにされている感じです。

また、自分をはかるものさしが自分基準ではなく、他者基準であったことも本人を苦しめた要因の一つだと感じます。ほめると、「あたしなんか全然です。もっともっとできる人はたくさんいます」と全力で否定していました。とてもよくできているのに、もっとよくできる人と比べて、自分はダメだと感じているのです。

大人になってから、中学生のときは、いつも「失敗してはいけない」と思っていたことを話してくれました。とにかく、多数派になりたかったのだそうです。その方が安心だから。そして、きちんとしていなければ、誰も受け入れてはくれないと思っていたそうです。

中学三年生での心境の変化が綴られた「後輩へのメッセージ」を紹介します。

〇〇さんは本当にいつの間にか私の中ですっごく大切な友人になっていました。

他にも大切な人がいっぱいできました。いろいろ人と話せるようになりました。それって、やっぱり自分の素を出して、それを受け入れてくれる周りの人がいたからなんだなーって思います。自分の意見をお互いにだせて、お互いが困っていたら助け合える、こういうのが友達なんだなと思えました。

気休めですが、素を出してたとして誰かに嫌われたとします。でもしょうがないことなんだと思います。全員が全員好きになるものや人なんて世の中に存在するわけ……いや、あるかもしれないけど、九十九％ないですから……。だから仕方ないなー程度に思っていいですよ。

私の卒業した後の「あおぞら」がどうなっているかわからないけど、後輩のみなさんがその中で頑張ってここで居場所を作ってくれてたら、なんとなく私がうれしいです。

信頼できる友達ができて、素の自分を受け入れてくれた。それが、この子の大きな成長を支えてくれました。自分で頑張って、居場所を作ったんだなとうれしくなりました。

「自分を普通ぐらいに思えることを目指す」

この女子生徒が、社会人となったときに後輩に向けて書いてくれた作文は、「自分を好きになること」について、多くのヒントを与えてくれます。

皆さんは自分の数年後がどうなっているか考えたことはありますか？

私はもうこれ以上大人になる自分は考えたくはないのですが、逆に皆と同じ中学生時代の自分を振り返ってみると、今よりもオドオドしていたような気がしてとても気恥ずかしい気分になります。

今でも相変わらず自信はないですが、昔よりは少し生きやすくなりました。要因は趣味の充実とか、わずかにいる友人とか、色々ありますが、一番は自分をちゃんと肯定してくれる人が、家族なり先生なりで近くにいたことだと思います。それと前よりは自分のことを嫌いでなくなったことです。

皆さんは自分のことは好きでしょうか？　好きなら素晴らしいです。一生そのままでいましょう！

しかし、実際には自分のことを好きと言える人は、なかなかいないと思います（特にこういう場所であればなおさらです）。

だからせめて自分を好きでも嫌いでもなく〝普通〟ぐらいに思えることを目指してみませんか。「自分のこういうところはダメだけど、この部分はマシだな～」など、性格でも容姿でも勉強でも、絵やゲームの上手さでも、自分で肯定できるところを探してみてください。自分で分からなければ、「あおぞら」の先生に何か褒めてもらってみてください。たぶんどこか褒めてもらえます。そういった自分でも他人からでもいいので、何かあなたの素敵な部分を見つけて、それを通して自分を少し好きになってみてください。そうしたら、世の中の四割ぐらいの嫌なことはなんとか受け流せます。

中学生の自分が見ていた世界はすごく狭かったです。家族が嫌いとか、勉強が苦手とか、クラスのあのグループが怖いとか、色々ありますよね。嫌なことに向き合うのはしんどいと思います。

知っておいてほしいのは、高校、社会人と成長すればするほど、付き合う人は自分で選べるということ。それと最低限必要なものを自分で見極められれば、意外と他のことからは逃げても平気なことが多いことです。

中学校や、これから出会う高校の友達なんかは、大人になれば自分で連絡しなければ本当に会わなくなります。互いに忘れます。家族ですら、働いて距離をとることができるようになります。勉強も、自分に必要な受験や最低限の英語や国語、数学さえできてれば、生きるのに困りません。私は漢字と英語が苦手なので社会でものすごく苦労はしていますが、一応生きられてます。

こんな感じで好きなように生きられます。だから今うまくいかないことがあるから、全てダメだとは思わないでください。絶対逃げ道があります。自分が楽しい、苦しくない、と思える道を選択してください。きっと真面目で頑張り屋さんな皆さんなので、そのぐらいがちょうど良いんじゃないかなと思います。

十年後、みなさんがゆるくしあわせに過ごせていることを、密かに応援しています。


「自分を好きでも嫌いでもなく〝普通〟ぐらいに思う」

あぁ、なるほどと思いました。

「自分を好きになろう」と言ったら、ハードルが高すぎてあきらめてしまう子も多いと思います。それどころか、「自分を好きになれない自分は本当にだめだ」と落ちこむ子もいそうです。

しかし、「自分を普通くらいに思えたらいいね」と言ったら、なんだかできそうだと思いますよね。

不登校だからといって、自分を否定することはないのです。不登校に対する思いこみから自由になる必要があるのは、大人も子ども自身も一緒ですね。

十一年後のFさんとの対話

この本の内容を確認してもらうために、十一年ぶりに会ったFさんは、仕事も生活も充実している様子で、とても素敵な女性になっていました。中学生時代や居場所について、二時間語り合いました。

林　自分の不登校を振り返ってどう？

F　とにかくずっと、周りと自分の関係について考えていた気がする。小学校のときは、自分はみんなの輪の中にいたけれど、中学校に入って、自分は輪の外になっちゃった。自分の立ち位置がなくなって、クラスでできあがったコミュニティを外から眺めてた。たぶん、それがつらくて、学校に行かなくなったんだと思う。クラスの男子にいやがらせをされたことも休むための口実にしてた（笑）。

林　そうなんだね。最近はどう？

F　なんだか変に、自分に自信がある（笑）。

林　すごい。すてき。どうやって自信がついたの？

F　不登校のとき、悩んだり、心配したりしても現状は変わらないことに気づいたから、心配するだけ無駄なんじゃないかって思えたからかな。

林　どうしてそうなれたの？

F　よくわからない。でも、たぶん、目の前の時間が楽しくならないとそうは思えない。あと、半分以上はあきらめと捨てかな。

林　どういうあきらめ？

F　できないんだったら仕方がないな。できなくてもいいか。その方が今の自分が苦しくない。そういう生き方の方が楽だったんだなって思った。捨てるまでが

林　大変だったけど、もっているものは変わらないのに、自分だけが変わった。よかったねー。「あおぞら」での、どんなことが役に立った？

F　全部。全部なかったら、こうはなれない。

林　全部の中身は？

F　どうして苦しいのか原因を考えるのが一番苦しいけれど、それさえ頑張れたら、こうした方がいいのかなという方法がでてくる。私にとっては、集団に入ることが苦しかったんだけど、集団にむりやり「ドン」と入れられて、けっこう、あっけらかんと終わる。やってみたらできるんだってわかって、できるを積み重ねた結果、心配しなくてもできるにつながった感じかな。悩むなっていうのは無理。だから、気が済むまで悩んだら、とりあえず捨てようと思った。そうしたらものすごく気が楽になった。

林　何かきっかけがあったのかな？

F　中学校の卒業式！　ここで頑張らなかったら、頑張るところがないと思った。あと、卒業をヌルっと済ませると、その後ビクビクしなきゃいけないって思ってた。頑張るならここだろうと思っていたとき、林先生に「あんたはイバラの道を歩けるタイプだ。だから行け」って言われたんですよ。

林　そうだっけ？　すごいこと言ったね、私。

F　でも、そのとおりだと思った。先生は誰にでも同じように言ってるわけじゃないから、本当に私はイバラの道を歩けるかもしれないと思って、エイヤって入ったら、本当に普通だった。だから、教室で座っているってことを投げ出さずに済んだ。それで、少しずつ時間を延ばして、本番の卒業式に出られたのが大きかった。想像して、心配してたことは実際には起こらないんだっていうことを確認できた実例だった気がする。

だから、卒業式の前の数日間と卒業式の日のことはずっと鮮明に覚えてる。これで、学校に行かない負い目を終えて、四月から高校生になったときに楽に生きていけると思った。頑張ったなと思って、式の間ずっと泣いてた。

林　本当によく頑張ったね。

F　中学校三年間は、間違いなく今まで生きている中で、一番頑張った三年間だった。今、みんなに考え方をほめられるんだけど、それは、中学生のときにギリギリまで問いつめて、自分と向き合った結果だと思う。周りの子たちはきっとそこまではしてないことだから。

林　そうすると、不登校に意味があったって思えるかな？

F　高校でも、友人関係で嫌なことがあったんだけど、毎日休まないで行った。負けたくなかった。中学のときに頑張ったことが生かせた結果かな。

林　そうなんだね。私はね、不登校にならないですむんだったら、ならない方がいいと思うんだ。だってみんなものすごく苦労しているもの。でも、不登校になったら、そこから何かを得られたらいいよね。あの期間があったから今の自分いるって思えたら、その期間が宝になるもんね。

今のあなたから見て、居場所についてどう思う？

F　学生のころとはまた違っていて、自分が苦しくない状態であれば、居場所はどこにでもある気がする。ここが居場所だと言うよりは、自分はどこでもやっていけるという感覚に近づいたっていうふうに言った方がいいのかもしれない。

林　どうしてそう思えるようになったの？

F　まぁ、みんな悪い人じゃない。嫌味をふっかけてくる相手も、「はいはい、君は、そういうタイプの人ね」って思える。嫌われる自分とか、好かれる自分とか、そういうことを考えなくなった。

林　私は私ですからって感じかな？

F　そうそう。嫌な人といても、良い人といても私は私。だから、居場所ってあんまり考えなくなったのかも。万人に好かれる必要はないって思うようになった。自分が自分であれば、居場所はどこにでもあるような気がする。

林　それは面白い。

F　周りはどう頑張っても変わらないっていうことに気づいた。中学生のとき、悩む時間があったから、その後自分の軸がぶれなくなった。周りにベクトルを向けるよりも自分に向けている方が大きいから。だから、悩んで、自分と向き合うのは、大事だったと思う。

林　私は、対話の中や作文を書くことで、みんなに自分と向き合うことを求めているかな。

F　苦しかったけど、それは大事だったと思う。本当に。先生は、大丈夫だからとりあえず何でもいいからやってみればって感じだったから。「イバラの道を歩ける」って言われて、「そうなんだ、歩くか」って思えた。それって大事だと思う。そう言われると、ほんとに大丈夫って思えた。

林　それは良かった。ありがとう。最後に不登校の後輩たちに一言。

F　私はずっと、中学校に行ってないから、高校に行けないとか、働けないとか思っていた。だけど、今ちゃんと働いているし、想像していたよりも、周りは受け入れてくれる。だから、ぜんぜん大丈夫。本当に心配いらないよって伝えたい。私は不安だらけだったから。少なくとも、自分でできる範囲で頑張っていればいいんじゃないかな。まぁ、とりあえず、やれるだけやっとけって思う。それで大丈夫。でも、そう言っても、みんな信じないかもしれないな。私がそうだったから。中学生のとき、卒業生の話を聞いて、あなたは特別だからできるのであって、私は絶対できるわけないって思っていた。

林　そうなんだね。でも、できちゃったね。

F　ほんと（笑）。振り返ってみると、私の成長速度がすごい！　自分をほめてあげたい！

林　うん。本当にすごい。私もほめちゃう。話ができて、すごくうれしかった。ありがとう。

自分自身の軸がぶれずに、自分が自分であれば、居場所はどこにでもある。素晴らしい結論ですね。心からの拍手を送ります。

終章

不登校の意味を知る

さて、不登校をめぐる冒険の旅の最終章です。最後までおつき合いいただき、ありがとうございました。

何人かの子どもの物語をお読みいただきましたが、いかがでしたでしょうか？不登校の子どもに対するイメージは変わったでしょうか？ そして、不登校をめぐる疑問の答えは見つかりましたか？

私は、書き綴りながら、子どもたちの成長への意志を改めて強く感じました。そうです。どの子どもたちも、自らの意志と成長力で、不登校を乗り越えていきました。

この本を書くに当たって、「不登校支援で、先生が何をしたのかをもっと書いて下さい」と担当の編集者さんに言われたのですが、感覚としては、みんな勝手に元気になって、勝手に成長していったという感じなのです。

ただ、私がしたことで一つだけ自信があることは、その子どものもつ力を信じてとにかく関わり続け、しんどい道も一緒に歩み続けたということでしょうか。「もっと知りたい。もっと関わりたい。もっと対話したい」という思いは、変わらずにずっともち続けてきました。「あなたはあなたのままでいいよ」「あなたのままがいいよ」という思いとともに。

二十年以上に及ぶ「あおぞら」の勤務の中で、出会った不登校の子どもの数は、のべ八百人以上になりました。同じ数の保護者や先生とも対話をしたことになります。

正直なところ、「不登校は子どももつらい、親もつらい、先生もつらい」というのが実感です。ここでは、子どもの物語を綴ってきましたが、保護者にも先生にもそれぞれの物語があります。

「不登校の解決」とは何だろうかと長く考え続けてきましたが、今は自分なりの結論にたどりついています。それは、「不登校の意味や目的」を見つけて、自分なりの対処法や解決法を見つけ出すことです。

「不登校の意味や目的」って何？　と思われるかもしれませんね。

勉強も良くできて、みんなに頼りにされていた女子生徒がいました。周囲の期待も、とても大きい様子でした。その期待に応えようと、勉強に、部活に、生徒会にとにかく頑張り続けてきたのです。その生活にまず悲鳴をあげたのは体でした。体調不良が続き、登校できなくなってしまったのです。「あおぞら」で対話を続ける中で、この子がポソっと言いました。

「不登校になって良かったかもしれない。あのまま学校に行っていて、みんなの期待に応えて進学校に進んで、有名大学を目指して……っていうことを想像しただけで、息が苦しくなる」

周囲の期待に応えようと「もっと頑張らなければ。もっと、もっと……」と思い続けていたそうです。

「本当の私はなまけものなのに。もっとゲームもしたいし、推しを見ていたかったし……」

不登校になって、やっと頑張り続けることをやめられたのです。

「しばらくは罪悪感があって、もう終わったと思っていたけど、ここに来て、友達もできて、自分の好きなことをしてもいいんだと思った」

この子の「不登校の意味や目的」は、周囲の期待に応えようと押しこめていた、本来の自分を取り戻すことです。

「不登校の理由は？」と聞いたら、「周りの期待が大きすぎて、押しつぶされた」と答えるでしょうか。そうすると、過去は変えることはできませんから、本人も周囲もどうしてよいかわからなくなってしまいます。

しかし、「不登校の意味や目的は、本来の自分を取り戻すこと」と捉えれば、本人も周囲も未来に向けて解決策を考えていくことができます。

子どもたちは、何らかの要因で圧迫されたり、押しこめられたりしている自分の本来の姿を取り戻すために、自分がありたい自分になれるように、不登校になったのだとも考えられます。

ここで登場した何人かの子どもたちの「不登校の意味や目的」も考えてみたいと思います。

まず、「学びの力を取り戻す」のA君です。A君は、遅れていた学習を自ら学び直すことで、自分への信頼を取り戻しました。学ぶことを通して自己を見つめ直し、学校や社会で生きていく力と自信を身につけることが、A君の「不登校の意味や目的」だったと考えられます。

また、「人との関係の中で生きる」のBさんにとっての「不登校の意味や目的」は、人間関係での傷つきを癒して、自分らしさを大切にしながら、自分も相手も認め合う関係を築くことでした。大切な人とのつながり直しもあったでしょうか。

「長いトンネルの中で」のD君はつらい体験を、人との関わりの中で癒し、塗り替えていきました。解決しなかったいじめという体験を自分の中で消化して、何らかの折り合いを見つけ出して、自分や人への信頼を取り戻していくことが「不登校の意味や目的」であったと考えます。

「居場所」が見つけられないと悩んだFさんは、人との関わりの中で自分を受け入れ、他者を受け入れることで、自らの力で居場所を創り上げていきました。完璧を目指すのではなく、自分らしく生きていくという「不登校の意味や目的」を見つけ、行動することで、不登校を解決していったのです。

問題の解決も、元々あった問題がきれいさっぱりなくなるという解決ではないことも多くあります。

例えば、人間関係の問題で人を変えるのは至難の業ですし、家庭環境や元々もっている能力や資質などは簡単に変えることはできません。変わらない現実を受け入れながら、本人の受け止め方や考え方が変わったり、ほかの経験で補われたりしながら、自分自身が納得することで、問題ではなくなっていくのです。

Fさんが十一年後に、「できないんだったら仕方がないな。できなくてもいいか。その方が今の自分が苦しくない。そういう生き方の方が楽だったんだなって思った。捨てるまでが大変だったけど、もっているものは変わらないのに、自分だけが変わった」と話しているのは、まさにこのことです。

学校生活を続けながら、解決できる課題もあるのでしょうが、問題が大きすぎたり、器用に解決に結びつけられないと、不登校になるのではないでしょうか。不登校になる子どもたちは、成長のための脱皮の苦しみが大きい子と言えるかもしれません。真面目で優しく、ちょっと不器用な子が多いように感じます。まっすぐに一生懸命考えるから、苦しみが大きくなるのかもしれませんね。しかし、苦しみが大きい分、解決できたときの成長もまた大きいのです。

「不登校の意味や目的」を理解し、自分なりの解決に向かった子どもたちは、自らの力で歩き出します。それは見事なくらいに。学校復帰や社会的自立は、成長の結果であり、目的ではないと考えます。

不登校を成長のチャンスと捉えることで、見える景色はきっと変わってくるはずです。成長期の子どもの数年を暗闇の時間にしないためにも、未来に向けて不登校を考えることが大切だと強く思います。

だからと言って、「あなたの不登校の意味は何ですか?」と本人に聞いても、「はてな?」ということになります。

「不登校の意味」を見つけるためには、自分自身と向き合うことが必要なのです。そして、解決のための道を歩み続けるには、同行者が必要です。話を聴いて、寄り添いながら、共に歩む大人です。手を引いたり、道を示したりするわけではありません。きつい坂道も、迷い道もひたすら一緒に歩き続けます。その先に明るい未来が開けていることを確信して。そうした同行者がいることで、子どもたちは安心して、自分と向き合うことができるのです。

長期の不登校だった子どものお母さんが話された言葉が、とても印象に残っています。

子どもを脅したり、なだめすかしたりしながら、どうにか登校させようと頑張ってきたけれど、子どもは反発する一方だったそうです。万策尽きて、そのお母さんが始めたのが夜の散歩でした。最初は嫌がる子どもをむりやり誘うような感じだったのですが、そのうち、夜の散歩が毎日の日課になったそうです。ときには、ただただ歩き、ときには他愛もないおしゃべりをして。

「今考えると、二人で同じ方向を向いて横並びで歩いたのが良かったのだと思います」

歩き方についての話ですが、心についても表現している言葉のように感じます。先を歩いて、自分の良いと思う方向に子どもを引っ張るのではなく、ただただ共に寄り添って歩くのです。夜というのもいいですね。遠くに見える明かりが灯台のように思えるかもしれません。遠い灯台を目指しながら、信じて共に歩く。その一歩一歩が子どもの心の支えになって、成長を支えるのです。

不登校で苦しんでいるすべての子どもが自分らしくいられる居場所を見つけ、E君が言った「ここまで来たんだな」という思いを実感できたらいいなと思います。

最後の最後に気づきました。私はずっと、子どもたちを受け入れて、伴走していると思っていましたが、「あおぞら」の子どもたちもまた、ちょっと変わった大人げない私をいつも受け入れてくれました。子どもたちの居場所をつくっているつもりでいましたが、実は私も子どもたちに居場所をもらっていたんだな。

ありがとう。私はあなたたちが大好きです。

エピローグ

私が「本を書こう」と思い立ったのは、一つには、「あおぞら」で子どもたちが書いた作文があまりにも素晴らしかったからです。ぜひ多くの人に読んでもらいたいと思いました。学校復帰をしたり、高校生になったり、普通に学校生活を送るようになると、ほとんどの子どもたちがそれまでのような作文が書けなくなります。本人たちも、「あんなに作文が書けたのに、すっかり書けなくなっちゃった。なんでだろう？」と不思議そうに言います。つらい状況の中で、自分と向き合ってギリギリのところで書いた作文。だからこそ、そのときにだけ書けたのだと思います。

もう一つは、「不登校児」として、十把ひとからげに扱われることへの疑問からです。不登校という状況は同じであっても、一人一人まったく違う子どもたちです。思いも、もっている個性や課題、その解決も、それぞれなのです。だから一人一人の苦しみや成長の輝きを伝えたいと心から思いました。私自身もそうでしたが、多くの人がもっている「不登校の子どもはこんな子」という思いこみをほぐしたいという思いもありました。

書き終えて、内容を確認してもらうために、たくさんの卒業生に会いました。その後の人生の中で居場所をつくり、自分なりの道を歩いている子もいます。また、新たな課題にもがいている子もいました。それぞれがそれぞれの人生を歩んでいます。

泣きながら読んでくれる子、「こんなだったな」と照れ笑いする子、「ありがとう」と言ってくれる子、さまざまでした。「実はあのときは……」とさらに深い思いを話してくれる子もいました。その子のことを理解したつもりになっていたけれど、わかっていないこともたくさんあったのだとまた気づきました。

中でも、「長いトンネルの中で」のD君の言葉にはハッとしました。

「いじめのメカニズムや、予防法、解決法について、さまざまな本や論文が書かれているけれど、結局、起こっていることは何も変わっていないと思う。なんだかむなしくなった」

いじめの問題の解決について、自分なりに調べ考え続けていたようです。D君としばらく語り合いました。二人で至った結論は、

「いじめの問題とまとめて考えると、解決できない気がしてくるけれど、目の前の子どもの問題を解決すると考えたら、できることはたくさんある」ということでした。

不登校についても同じだと思います。「不登校の問題を解決できますか？」と聞かれたら、どれくらいの人が自信をもって「はい」と答えられるでしょうか？

しかし、「目の前にいる子どもの困難を共に考えて、解決の努力ができますか？」と聞かれたら、自信をもって「はい」と答えられます。一人一人の子どものためにできることを考えていく。遠回りのようですが、実は確実な道なのだと思います。

本編を書き終えて、エピローグを書いているときに、令和三年度の不登校の子どもの数が発表されました。令和三年度における不登校の小・中学生の数は約24万人と過去最高になっています。コロナ禍の影響もあり、さらに増加するのではないかと危惧されています。

その中で、36・3％の児童生徒が、学校内外の機関で相談・指導を受けていないという調査結果が出ています（令和三年度児童生徒の問題行動・不登校等生徒指導上の諸課題に関する調査結果について」文部科学省、令和四年十月）。

誰ともつながらず、「孤立」している子どもが多くいることが心配されます。

また、教育支援センター（適応指導教室）を利用した児童・生徒の割合は10・3％です。決して多い数ではありません。非常勤の職員が多くを占めているという現実も変わってはいません。フリースクールなどの選択肢が増えたことは良いことですが、経済的な事情に関係なく、必要とするすべての子どもたちが利用できる公的な支援の充実が必要です。

保護者の「孤立」も心配されます。子どもも大人もつながって支え合っていける制度や場所をさらに整えて、必要な情報が、必要な人に確実に届くようになればいいと強く感じます。

コロナ禍と不登校ということで考えると、分散登校のときに、不登校の子どもたちが登校できたという話を多く聞きました。休校していて、みんなが不登校の状態からのスタートであったことも影響しているかもしれませんが、学校が当たり前のように守ってきた「ワク」や「ルール」が少し変わると、登校できる子どもが増える可能性を示しているように感じます。学校の当たり前は、本当に当たり前なのか、今一度考えてみる必要がありそうです。

不登校は学校や社会の抱えている問題の縮図だと思うことがあります。学習に関することやいじめ、発達障害、家庭環境、貧困、学校と保護者の軋轢、はたまた社会の価値観の変化まで、さまざまな問題や課題が見えてきます。不登校を本人の課題と捉えるとともに、不登校を通して、学校や社会の在り方を見直すという視点も必要ではないでしょうか。それが、不登校で苦しむ子どもをなくす学校や社会を目指すことにつながると思います。

ここで書いたのは、不登校の子どもたちの苦しみと成長の物語ですが、その中に含まれているエッセンスは、実はすべての子どもたちに当てはまると思っています。不登校の子どもたちが抱えている困難や課題は、程度の差はあれ、登校している子どもたちにも共通しているからです。
「教育と心理のすきま支援ワーカー」が言うのもおこがましいですが、「教育」という言葉の「教える」という側面だけでなく、成長を支え「育む」という側面が、今求められているのではないでしょうか。子どもも自由に、そして、大人もまた自由に育て合っていけたらいいなと思います。

「すきま」だからこそ見えた子どもたちの姿や思いを、中学校に勤めていたころに気づいていたら、もっと違う関わり方ができたのではないかと時々考えます。時間を巻き戻すことはできませんが、かつての私のように子どもや不登校、そして教育についての思いこみに縛られている方の思いこみを少しでもほぐす手伝いができたら、うれしいなと思います。

普通には気づきにくいけれど、確かにある大切なものをみつけられる場所が「すきま」なのだと思います。「すきま」をいかに生きるか。「すきま」はさまざまな可能性に満ちています。

不登校の子どもたちも、学校という世界から滑り落ちて、出るに出られない「すきま」にはまって、そこから広い世界を覗いているような感覚かもしれません。「すきま」から出ようともがく中で、本来の自分を取り戻して立ち上がり、新しい方法で世界と向き合っていくように感じます。「すきま」の中で蓄えたエネルギーを使って。

だから、書名「すきまから見る」の主語は私であり、不登校の子どもたちでもあります。この本を読んでくださったみなさんも「すきま仲間」になってくださったら、この上なくうれしいです。

「すきま」の可能性は無限大のように思えます。不登校の子どもたちの可能性が無限大であるように。

不登校で苦戦している子どもや保護者、そして先生たちに、心からのエールを送ります。みんなでつながって支え合うことで、不登校は成長のチャンスにすることができます。深呼吸をして、ちょっと手を伸ばしてみませんか？

＊＊＊

最後になりましたが、私を育ててくれた子どもたち、保護者のみなさま、先生方、そして、長くご指導いただいている、ちば心理教育研究所所長の光元和憲先生、元文部科学省初等中等教育局視学官であり、十文字学園女子大学教授の宮川保之先生に心から感謝申し上げます。

また、推薦コメントを下さった山田ルイ53世様、「不登校新聞」代表の石井志昂様に心よりお礼申し上げます。

東洋館出版社の刑部愛香さんは企画書を見て絶対に本にしたいと言って下さり、

私の気持ちを大切にしながら伴走して下さいました。誠にありがとうございました。

本を出す道をひらいて下さった、かんき出版の山下津雅子様をはじめ、感謝の思いを伝えたい方たちがたくさんいます。いつも温かく支えてくれた家族にも心からのありがとうを伝えたいと思います。

みなさま、本当にありがとうございました。

私はこれからも毎日、笑ったり、泣いたり、迷ったり……、子どもたちと一緒に歩み続けます。夢と希望とともに。

参考文献一覧

・文部科学省「不登校への対応の在り方について」 別添資料「教育支援センター（適応指導教室）整備指針（試案）」 平成十五年
・文部科学省「不登校児童生徒への支援の在り方について（通知）」令和元年
・文部科学省「不登校児童生徒の実態把握に関する調査報告書」令和三年
・文部科学省「令和二年度児童生徒の問題行動・不登校等生徒指導上の諸課題に関する調査結果」令和三年
・文部科学省「令和三年度児童生徒の問題行動・不登校等生徒指導上の諸課題に関する調査結果」令和四年
・小野寺敦子（２００９）『手にとるように発達心理学がわかる本』かんき出版
・ジュテファニー・シュタール・繁田香織訳（２０２１）『「本当の自分」がわかる心理学：すべての悩みを解決する鍵は自分の中にある』大和書房
・高橋昌一郎監（２０２１）『情報を正しく選択するため認知バイアス事典』フォレスト出版
・辻村深月（２０１７）『かがみの孤城』ポプラ社
・林竹二（１９９０）『教えるということ』国土社
・林竹二（１９９０）『学ぶということ』国土社
・光元和憲（２０１６）「保育園の帰り道、ひかりちゃんとお母さんの会話」『かぞくのじかん vol35 春』婦人之友社
・光元和憲（１９９７）『内省心理療法入門』山王出版
・光元和憲（２０１３）『母と子への贈物：ジブリ宮崎駿作品にこめられた思い』かもがわ出版

・山田一成・北村英哉・結城雅樹編（2007）『よくわかる社会心理学』ミネルヴァ書房
・和久田学（2019）『学校を変えるいじめの科学』日本評論社

林 千恵子（はやし・ちえこ）

1967年東京生まれ。中・高教員免許（国語）、公認心理師、学校心理士、特別支援教育士の資格を有する。

中学校教員などを経て、教育支援センター（適応指導教室）の教育相談員として20年以上勤務する。その間に出会った不登校の子どもと保護者、教員はそれぞれのべ800人に及ぶ。教育と心理学の間を行き来しながら、教科指導、相談、行事の企画運営等を行い、子どもの成長力を引き出す教育支援センターでの改革を目指してきた。

十数年前からは、教育支援センターの勤務と並行して公立小学校のスクールカウンセラーや巡回相談員も務め、教員や関係機関の研修講師、不登校親の会の世話役も行っている。

〔2022年11月現在〕

つなぐ、ほどく、ひらく　越境する教育

いくつもの問いを手に、教育に思いを巡らす。
「つなぐ、ほどく、ひらく」を合言葉に、分からなさをたのしみ、しなやかに考えるための目印となる一冊を編んでいきます。

ロゴデザイン：六月

シリーズ・越境する教育
すきまから見る
「不登校」への思いこみをほぐす

2023(令和5)年1月20日　初版第1刷発行

著者　林 千恵子
発行者　錦織 圭之介
発行所　株式会社東洋館出版社
〒101-0054　東京都千代田区神田錦町2丁目9番1号
コンフォール安田ビル2階
(代表)　電話 03-6778-4343　FAX 03-5281-8091
(営業部)　電話 03-6778-7278　FAX 03-5281-8092
振替 00180-7-96823
https://www.toyokan.co.jp
装画・挿絵　植田たてり
装幀　六月
組版　株式会社明昌堂
校正　株式会社鷗来堂
印刷　株式会社シナノ
製本　牧製本印刷株式会社

ISBN978-4-491-05065-2
Printed in Japan